Johannes Schmidt

Der Sklave bei Euripides

Johannes Schmidt

Der Sklave bei Euripides

ISBN/EAN: 9783744607759

Hergestellt in Europa, USA, Kanada, Australien, Japan

Cover: Foto ©ninafisch / pixelio.de

Weitere Bücher finden Sie auf **www.hansebooks.com**

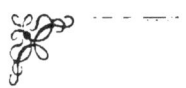

Der Sklave bei Euripides

(Fortsetzung und Schluss)

von

Dr. Johannes Schmidt.

————◆◆————

Wissenschaftliche Beilage zum Jahresberichte der Fürsten- und
Landesschule zu Grimma 1892.

————◆◆————

GRIMMA,
Druck von Julius Schiertz.
1892.

Der Sklave bei Euripides.

Von Johannes Schmidt.

III.

Die beiden ersten Kapitel dieser Abhandlung[1]) fassten den Sklaven der griechischen Tragödie ins Auge, insoweit er von der euripideischen Charakteristik dieses Standes noch unabhängig ist. Indem wir den Faden wiederaufnehmen, stellen wir uns die Aufgabe, nunmehr Lage und Haltung der Vertreter von Dienerrollen in den Dramen des dritten grossen Tragikers zu besprechen, wobei sich uns, wie bereits angedeutet, eine völlig neue Perspektive eröffnen wird.

Schon in seinem ältsten Drama, den »Peliaden« (Ol. 81, 1 = 455), äussert sich Euripides über Frauenleben, Tyrannenherrschaft und göttliche Gerechtigkeit mit Worten (fr. 603. 605. 606 Nck.[2]), die in mancher Hinsicht auf den auch später von ihm behaupteten socialen, politischen und religiösen Standpunkt schliessen lassen. Gerade unsere Frage wird jedoch in den erhaltenen Bruchstücken nicht berührt, wir müssten denn fr. 604 Nck.[3] mit seinem Rate, »den Gebietern gegenüber nicht wider den Stachel zu lecken«, im engern Sinn auch auf den Sklaven und seinen Gehorsam gegen den Herrn beziehen wollen.[3]) Ebensowenig Ertrag liefert das mit Weiberhass erfüllte erste Stück von Euripides' ältster Tetralogie, die uns bezeugt ist[4]), die »Kreterinnen«, sowie das dritte, der oft behandelte »Telephos«. Zwischen beiden Dramen ist in der Didaskalie der »Alkmeon in Psophis« angeführt, so zubenannt im Gegensatz zu dem »Alkmeon in Korinth.« Welcher der beiden ebengenannten Tragödien mehrere nur unter dem Titel »Alkmeon« citierte Bruchstücke angehören, bleibt trotz Welcker, der sie der letzteren zuweist[4]), sehr fraglich. Jedenfalls aber verdienen zwei Fragmente gerade wegen ihres einander widersprechenden Inhalts die vollste Beachtung. Das eine (fr. 85[5]):

μίσση τοῖς δούλοισι δραχοτῶν νόμον,

gewiss die Worte eines treuen Dieners, werden wir nochmals zu erwähnen haben im Zusammenhang mit zahlreichen andern Zeugnissen, welche die herzliche Teilnahme des euripideischen Sklaven an dem Unglück seines Herrn bekunden.[5]) Wenn demgegenüber das andere Bruchstück (fr. 86[5]) mit den Worten:

ὅστις δὲ δούλῳ φωτὶ πιστεύει βροτῶν,

πολλὴν παρ' ἡμῖν μωρίαν ὀφλισκάνει —

dem Sklavenstand ein arges Misstrauensvotum erteilt, so mag uns dies den äussern Anlass bieten zu einer zusammenfassenden Bemerkung, durch welche die jener Menschenklasse ungünstigen Urteile in Euripides' Tragödien vorläufig in ihrer Bedeutung für unser Thema gewürdigt werden. Mit der mehrmaligen nachdrücklichen Betonung des humanen und liberalen Standpunkts, den Euripides in der Sklavenfrage einnimmt[6]), könnten wir nämlich den Schein erweckt haben, als wehe in den Dramen des Dichters allenthalben ein dem Sklaven äusserst günstiger Wind. Eine derartige Tendenz

---

[1]) Einladungsschrift der Fürstenschule zu Grimma 1891, S. 93—100.
[2]) Zum Gedanken vgl. übrigens Diet. fr. 337.
[3]) Bekanntlich Kreterinnen, Alkmeon in Psophis, Telephos, Alkestis, aufgeführt 438.
[4]) Griech. Trag. II S. 582.
[5]) Vgl. unten S. 3.
[6]) Vgl. vorj. Festprogr. d. Fürstenschule, S. 93, 98, 100.

des Euripides lässt ja sich allerdings nicht verkennen; aber gerade für den Dramatiker ergibt sich, wenn er auf der Bühne ein sociales Problem erörtern oder eine politische Idee verfechten will, die Notwendigkeit, auch dem entgegengesetzten Standpunkt das Wort zu vergönnen; denn je offener die gegenteilige Ansicht zum Ausdruck kommt, um so mehr gewinnt die Debatte an Leben, Wärme und Klarheit. Indem nun Euripides in seinen Dramen die dienende Klasse sichtlich protegiert, tritt er in Gegensatz und Widerspruch mit der dem Sklavenstande eher feindlichen Stimmung des Zeitalters. Wie Schenkl treffend darlegt[1], war die Mehrzahl der Sklaven Barbaren und das Verhältnis zwischen Herr und Knecht kein rechtliches, sondern ein auf Gewalt und Zwang begründetes — zwei Thatsachen, um derentwillen einerseits Verachtung und Misstrauen, andererseits Hass und Furcht herrschten.

Diese allgemeinen Anschauungen, fährt Schenkl fort (S. 367), finden wir nun auch hie und da bei Euripides ausgesprochen. So heisst es fr. 50 (49[2]), dass bei den Sklaven das höhere geistige Moment ganz und gar hinter dem tierischen zurücktrete. Sie lieben nicht ihre Herren, und wenn ja einer seinem Gebieter treuergeben ist, so hat er von seinen Genossen arges zu befürchten, fr. 51 (50[2]); sie halten es nur mit den Glücklichen und scheuen sich nicht, ihre Herren im Unglück zu verlassen, El. 633[2]). Daher darf man ihnen nicht trauen, fr. 87 (86[2], es ist dies das oben citierte Bruchstück, von dem wir ausgingen), und darf sie nie zum Bewusstsein ihrer Kraft oder zu geistiger Ausbildung gelangen lassen: fr. 49 (48[2]), 52 (51), 253 (251), 690 (689). Unter diesem Drucke verlieren sie allen Mannesmut und werden durch ihre Feigheit verächtlich, Or. 1115, vgl. 1522, Ion. 983, fr. 966 (976), 216 (217). Aber der Dichter war weit davon entfernt, diese in seiner Zeit herrschenden Vorstellungen zu vertreten; er erkannte vielmehr vollkommen die Unwürdigkeit des Verhältnisses und suchte, da das politische und sociale Leben des hellenischen Volkes der Unterlage der Sklaverei nicht entbehren konnte (fr. 1008 [1019[2]), wenigstens eine mildere Form zu erzielen und so den Sklaven doch einigermassen der Menschenrechte teilhaftig zu machen. Doch dies führt uns zurück zu der eigentlichen Aufgabe unserer Betrachtung, die ja Euripides' humanitäre Stellung in der Sklavenfrage zu kennzeichnen bezweckt.

Je weniger die bisher erwähnten Fragmente der Erstlingsdramen hierfür Stoff boten, um so reichere und erfreulichere Ausbeute gewährt für unsern Zweck das älteste erhaltene Stück, die „Alkestis". Schon dass gleich im Eingang Apollo nicht ohne Rührung seines einstigen Fron- und Hirtendienstes[3] in Admets Hause gedenkt und diesem wie ehemals teilnehmende Fürsorge widmet, ist ein Beweis für die Unbefangenheit, mit welcher der Sklavenstand hier beurteilt wird. Dieser wohlthuende Eindruck von einer gewissen socialen Hebung desselben wird nur gesteigert durch die Person, welche zuerst als seine wirkliche Vertreterin uns begegnet. Weinend erscheint eine Dienerin (v. 136f.) und meldet schmerzerfüllt dem Chor das Hinscheiden ihrer Herrin; gern bestätigt sie jenem, Alkestis sei „das beste Weib unter der Sonne"; ihr freiwilliger Opfertod für den Gatten bethätige dies hinlänglich (v. 152 ff.). Ihre Trennung von der Dienerschaft gestaltet sich zu einem redenden Zeugnis für deren Anhänglichkeit und Treue. Kein Auge bleibt thränenleer, als die geliebte Herrin von ihren Sklaven scheidet (v. 192 ff.), und nachdem diese sie zu Grabe getragen haben (v. 607 ff.), verbringen sie den Tag des Hingangs ihrer Gebieterin in tiefer Trauer (v. 762 f. 815 f. 948 f.). Ihr giebt besonders beredten Ausdruck der Diener, welcher auf Admets Befehl zur Bewirtung des Herakles zurückgeblieben ist. Schon darüber, dass er dem Leichenzuge seiner Herrin nicht hat folgen dürfen, die ihm und allen Dienern eine Mutter gewesen, äussert er sich tiefbetrübt (v. 767 ff.), aber förmlich empört ist er über das ausgelassene Gebaren des ungebetenen Gastes, welcher den eigentlichen Grund und Gegenstand des Schmerzes, der auf dem ganzen Hause lastet, ahnungslos verkennt. Endlich

---

[1] a. a. O. S. 366.
[2] Wallon (a. a. O. I² S. 415) fasst dies politisch: Der Sklave sucht von inneren Revolutionen zu profitieren.
[3] Von Göttern erscheint bei Euripides auch Dionysos geknechtet; Bacch. 431 ff. Cycl. 11 f.

darüber aufgeklärt, empfindet auch er den Kummer der treuen Hausgenossen und verwandelt ihn durch die Zurückführung der Herrin in die grösste Freude, die wir freilich nach der Situation des Dramas mehr nur ahnen können, als dass sie in eigentlichen Worten des Textes direkt zum Ausdruck käme. Jedenfalls sind Zofe wie Haussklave Zeugen und Vertreter eines wahrhaft herzlichen Einvernehmens zwischen Herr und Diener, wie wir es vor Euripides auf der Bühne vergeblich suchen. Bei ihm aber findet sich dieser erfreuliche Zustand keineswegs vereinzelt, sondern, wie nachgenannte Stellen beweisen, über die Dramen aller seiner Schaffensperioden verbreitet: Heraclid. 640. 788. Hipp. 199 f. 288. 689. Troad. 689. Ion. 725 ff. 747 ff. 794. 1040 ff. Hel. 438 f. 477 f. El. 285. 287. 487 ff. Iph. Taur. 1056 ff. Phoen. 88 ff. Iph. Aul. 111 ff. 867 ff. Eurysth. fr. 375². Zum Schluss führen wir die Verse aus dem »Meleager« (fr. 529²) ausdrücklich an:

ὡς ἡδὺ δούλοις δεσπότας χρηστοὺς λαβεῖν
καὶ δεσπόταισι δοῦλον εὐμενῆ δόμοις.

Leider ändert sich einigermassen schon in der „Medea" dieses schöne harmonische Verhältnis und verschiebt sich aus den Grenzen inniger natürlicher Empfindung hinüber in das Bereich doktrinärer Reflexion. Zwei für Euripides typisch gewordene Figuren, Amme und Pädagog, begegnen uns hier, zwar nicht überhaupt zum ersten Male — haben wir doch bereits früher der Kinderwärterin in Äschylus' ›Choephoren‹ gedenken müssen[1]), und die andere Rolle ward nach einer glaubwürdigen, wohl auf Aristoteles zurückgehenden Notiz des Suidas[2]) in die dramatische Poesie schon durch den älteren Tragiker Neophron von Phlius eingeführt —, wohl aber hat beiden Gestalten Euripides erst ihr charakteristisches Gepräge verliehen, dessen Einwirkung wir nicht nur an den gleichen Gestalten anderer euripideischer Dramen, sondern sogar auch bei Sophokles, am Pädagogen in der ›Elektra‹ sowie namentlich an der Amme in den ›Trachinierinnen‹, wiederzuerkennen glaubten. Wie das Dienerpaar in der ›Alkestis‹ (v. 813), so nehmen auch diese beiden älteren Leute[3]) an dem Missgeschick ihrer Gebieterin warmen Anteil, der sich besonders bekundet in der schönen Sentenz (v. 54 f.):

Χρηστοῖσι δούλοις ξυμφορὰ τὰ δεσποτῶν
κακῶς πίτνοντα καὶ φρενῶν ἀνθάπτεται —,

einem Worte, welches bei Äschylus nur einen leisen Widerhall findet[4]), das ferner in den bisher besprochenen Dramen des Sophokles bloss vereinzelt und nicht ohne euripideische Einwirkung nachklingt[5]), welchem aber ein ganzer Chor von Aussprüchen des Euripides vielstimmig antwortet; so Alcmeon fr. 85². Hecub. 668 ff. Androm. 56 ff. 1197 f. Hipp. 286 f. 353 ff. 1175 f. Ion. 676 ff. 808 ff. 857 f. 935 f. 1246 f. Helen. 700. 726 ff. 1639 f. Iph. Taur. 186 ff. Phoen. 1335 ff. Or. 852 ff. Iph. Aul. 303 ff. 312. Bacch. 1027. 1032 ff. Wir heben unter diesen zahlreichen Äusserungen der Teilnahme nur die beiden herrlichen Stellen aus der ›Helena‹ besonders hervor, v. 1639 f.:

— ἀγὼ δεσποτῶν
τοῖσι γενναίοισι δούλως εὐκλεέστατον θανεῖν —,

und schon vorher heisst es v. 726 f.:

κακὸς γάρ, ὅστις μὴ σέβει τὰ δεσποτῶν
καὶ ξυγγέγηθε καὶ συνωδίνει κακοῖς.

Gerade die letztere Stelle[6]) bereichert aber die verschiedenen Seiten des euripideischen Sklavenlebens um eine neue und zwar der vorigen verwandte Erscheinung: Die Mitfreude der dienenden

[1]) Vgl. vorjähr. Festpr. S. 97.
[2]) Suid. s. v. Νεόφρων.
[3]) Vgl. die Anreden v. 49. 53.
[4]) Aesch. Ag. 18; vgl. vorj. Progr. S. 96.
[5]) Soph. Ant. 1193 ff. O. R. 1178 f.; vergl. vorjähr. Progr. S. 98. 100.
[6]) Auch Med. 1136 vereinigen sich Schmerz und Freude im Mitgefühl; zwischen beiden Affekten schwankt der Chor aus Unkenntnis der Sachlage: Herc. fur. 979 ff.

1*

Hausgenossen über das Glück der Herrschaft. Nach den zahlreichen Belegen für die Trauer der Sklaven über das Leid der Gebieter rechnen wir nicht vergebens auf ähnliche Beispiele und Zeugnisse für den ebengenannten Charakterzug, und als solche verzeichnen wir hier vorläufig: Heraclid. 784 f. Phaeth. fr. 773, 38 ff.[2] (Hymenäus des Chors). Ion. 566 ff. (vgl. auch v. 725 ff.). El. 859 ff. (Tanzlied des erfreuten Chors). Phoen. 1460 ff. Hel. 734 ff. Iph. Aul. 303 ff. Sodann verdient als Kennzeichen eines menschlich schönen und doch unterwürfigen Verhaltens der Diener zu ihrem Vorgesetzten die Zurückhaltung und Ehrerbietung hervorgehoben zu werden, mit welcher beide Personen, Pädagog wie Amme, über ihre Herrschaft sich aussprechen. Hierher gehören die Worte v. 63:

$$\tilde{\omega} \; \mu\tilde{\omega}\varrho o\varsigma, \; \varepsilon\grave{\iota} \; \chi\varrho\grave{\eta} \; \delta\varepsilon\sigma\pi\acute{o}\tau\alpha\varsigma \; \varepsilon\grave{\iota}\pi\varepsilon\tilde{\iota}\nu \; \tau\acute{o}\delta\varepsilon,$$

in denen der Alte die ahnungslose Königin zwar eine Thörin nennt, aber doch unmittelbar darauf sein Urteil mildert oder beinahe zurücknimmt, und ferner die rücksichtsvolle Art, mit welcher der Pädagog sein »Pereat« über seinen Herrn, der doch »als schlecht gegen die Seinigen erfunden wird«, unterdrückt (v. 83 f.). Auch bei diesem Punkte sei schon hier hingewiesen auf die gleichartigen und daher gleichwichtigen Stellen: Hippol. 114 f. 1249 f. Bacch. 775 f., sowie auf Hecub. 234 ff., wo die greise Königin im Bewusstsein ihres Falls und ihrer Stellung als Sklavin des Odysseus (v. 234) ihn, den Freien, auch etwas Betrüblichem nur mit Bedenken zu fragen wagt.[1] — Aber freilich mischen sich, wie bereits bemerkt (S. 3), unter diese erfreulichen Zeichen natürlich menschlicher Gefühle auch Spuren einer von Euripides gerade bei der Darstellung älterer Dienerrollen begangenen Geschmacksverirrung. Mitunter entsprechen nämlich die Reden, die er den Sklaven in den Mund legt, nach Form und Inhalt ihrem Stande nur wenig, vielmehr erheben sich erstere bisweilen zu hochtrabenden Raisonnements. So philosophiert v. 85 ff. der Pädagog über die Eigenliebe der Welt, und v. 1018 über das Los der Sterblichen, so v. 119 ff. die Amme über die Gesinnung der Grossen. Auch hierfür wollen wir die Parallelstellen im Zusammenhang anführen, die sich sämtlich in den gleichen Gedankenkreisen bewegen. Besonders bekannt ist die seltsam spintisierende Amme im Hippol. 250 ff., während die in der Androm. 818 f. 851 f. sich wenigstens auf kurze Sentenzen beschränkt. Dass die Standesgenossinnen in den verborenen Stücken, soweit ihre Existenz dort überhaupt anzunehmen ist, gleichfalls moralische Erörterungen anstellen, lässt sich zwar nicht immer nachweisen, ist aber doch für die kupplerische Vertraute im *Ἱππόλυτος καλυπτόμενος*[2]), im »Aiolos«[3]) und in der »Auge«[4]) sowie für die etwaigen Ammen in der »Stheneboia«[5]), in der »Andromeda«[6]), in der »Danae«[7]), in der »Philosophin Melanippe«[8]), endlich in den »Skyrierinnen«[9]) wahrscheinlich. Und während der Pädagog in den »Phoenissen« als nüchterner Nomenclator natürlicher gehalten ist und nur bei seinem Abtreten in echt euripideischer Weise sentenziös auf die Weiber schilt (v. 198 ff.), lässt sich der greise Erzieher des Orest in der »Elektra« (v. 487 ff.) die Gelegenheit, einige demokratische Kernsprüche vorzubringen (v. 522 f. 551!), nicht entgehen[10]), ähnlich wie Kreusas Hofmeister im »Ion« nicht nur sehr freisinnige Äusserungen über den Sklavenstand thut (v. 854 ff.), auf die wir wegen ihrer hohen Wichtigkeit noch einmal werden zurückkommen müssen, sondern auch über die Berechtigung der Notwehr in juristischen Doktrinen sich ergeht (v. 1046 f.), ja endlich durch das etymologische Spiel mit dem Namen *Ἴων* als »gelehrter Verkehrter« sogar linguistische Schulung bethätigt (v. 831). Übrigens reihen sich den Pädagogen gleichfalls als philosophische Köpfe zwei greise Sklaven an, sowenig auch an sich ihre Weltanschauung identisch ist. Der *ἄγγελος* in der »Helena«[11]) huldigt nämlich durchaus liberalen Ansichten über göttliche Dinge (v. 711 ff.) und

---

[1]) Vergl. auch Hec. 1247: δεσπότας δ'οῦ κούκούϊ.
[2]) Welcker Gr. Trag. II S. 756. [3]) ebenda S. 861, 867. [4]) S. 764 f. [5]) S. 779; vgl. Wecklein, Sitzungsber. d. bayr. Acad. d. Wissensch. 1888 S. 101 f. [6]) Ribbeck R. Trag. S. 175. [7]) Welcker S. 641. [8]) S. 844 f. [9]) S. 477.
[10]) Vgl. auch die Betrachtungen des Pädagogen in der »Ino« (Welcker II S. 623) über die Tyrannis (fr. 420).
[11]) Dessen Amtsgenossen im »Phaethon« gehören wahrscheinlich fr. 776[4] und 784[3] an (Wecklein a. a. O. S. 1294).

thut über Weissager und Seherkunst recht aufgeklärte Äusserungen (v. 744 ff.); anders der alte Diener Agamemnons in der Aulischen Iphigenie, welcher seinem Herrn in freundlichen schlichten Worten Ergebung in den Willen der Götter empfiehlt (v. 28 ff.) und damit zugleich ein Zeuge des innern Friedens wird, den Euripides während seiner letzten Lebenszeit mit Gott und Welt geschlossen hatte[1]. Den etwas bedenklichen Beinamen des »Bühnenphilosophen«, den er schon im Altertum erhielt[2], rechtfertigen jene Stellen hinreichend; freilich gaben sie auch bereits dem feinen Kunstgeschmack der Zeitgenossen Veranlassung zu herber Kritik, wie sie bekanntlich nicht selten in der älteren attischen Komödie sich ausspricht. Selbstverständlich haben wir nur die Stellen hier zu berühren, an denen Aristophanes die von uns besprochene Neigung des Euripides geisselt, Sklaven eine Sprache reden zu lassen, wie sie nur Helden und Denkern zukommt. Schon in den »Acharnern« bezieht sich darauf v. 398 f., wo der Diener auf Dikaiopolis' Frage, ob Euripides zu Haus sei, in mystischen Wendungen letzteres teils bejaht, teils verneint, sodass Dikaiopolis, über solche Kammerdienerphilosophie erstaunt, in die ironische Seligpreisung ausbricht v. 400 f.:

ὦ τρισμακάρι' Εὐριπίδη,
ὅθ' ὁ δοῦλος οὑτωσὶ σοφῶς ὑποκρίνεται[3].

Und wenn in der ausführlichen Kritik, welcher der geniale Komiker in den »Fröschen« den Euripides unterzieht, dieser selbst von sich rühmt v. 949 f.:

— ἔλεγεν ἡ γυνή τέ μοι χὠ δοῦλος οὐδὲν ἧττον
χὠ δεσπότης χἠ παρθένος χἠ γραῦς ἄν —,

so bezieht sich solches — schon wegen des Verbums ἔλεγεν ist dies anzunehmen — speciell auf die Gleichstellung der Rollen in der Redeweise[4]. Aristophanes lässt also unsern Dichter in mangelnder Selbsterkenntnis und mit unzureichendem Kunstgeschmack sich eines bedenklichen ästhetischen Fehlers rühmen: Obwohl Euripides, wie wir bereits anerkennen mussten (S. 2 f.), im Gegensatz zu seinen Vorgängern, namentlich zu Äschylus, den Sklaven und überhaupt den niedern Klassen einen ziemlich breiten Raum in seinen Dramen verstattet, so verzichtet er doch auf eine wirksame Unterscheidung der einzelnen Stände und benimmt daher den ersteren ein gutes Stück ihres dramatischen Werts[5]. — So ergeben sich uns denn bei der Betrachtung der »Medea« ab neue Erscheinungen in der Darstellung des Sklaven: Seine uneigennützige Anteilnahme an Freud' und Leid der Herrschaft, sein Zartgefühl in deren Beurteilung, endlich seine etwas künstlich gesteigerte Bildung. Dass die beiden ersten Phasen einen entschiedenen Fortschritt in der Haltung der Dienerrollen bezeichnen, leuchtet ohne weiteres ein; aber auch die dritte dem Dichter entschieden missglückte Neuerung bekundet jedenfalls sein rühmliches Bestreben, durch reichere intellektuelle Ausstattung den Sklaven wenigstens zu geistiger Freiheit emporzuheben.

Sehr wohl sind wir uns bewusst mit den vorstehenden Hinweisen häufig der Chronologie der euripideischen Dramen, soweit sich von einer solchen reden lässt, vorgegriffen zu haben; der geneigte

[1] Vgl. O. Ribbeck, Eur. u. s. Zeit, S. 30 f.
[2] Vgl. Vitruv. 8, 1; Sext. Empir. adv. math. p. 699,1 Bekk.; Athen. IV p. 158 E, XIII p. 561 A; Clem. Alex. Strom. 5 p. 688 P.; Origen. c. Cels. 4,77 p. 214; Euseb. praep. evang. I p. 596.
[3] Schol. διὰ τοῦ δακρῦντος ἐπαίνου διαβάλλει τὸν Εὐριπίδην, ὅτι δειινὸς εἰσάγει τοὺς δούλους ἐν ταῖς τραγῳδίαις. Klöter vergleiche auch Origenes c. Cels. VII pag. 729) de la Rue: Εὐριπίδης δὲ ὑπὸ Ἀριστοφάνους κωμῳδεῖται ὡς ἀκαιροῤῥήμων διὰ τὸ πολλάκις περιττοτέρους λόγους δογμάτων, ὧν ἀπὸ Ἀναξαγόρου ἤ τινος ἔμαθε τῶν σοφῶν, βαρβάρους [ἢ] γυναιξὶν ἢ οἰκέταις.
[4] Auf Euripides' demokratische Gesinnung, die uns später beschäftigen wird (S. 12 f. 15), beziehen sich erst die nächsten Verse: Ran. 951 f.
[5] Übrigens hat sicher auch der scharfsinnigste Kunstkritiker des Altertums, Aristoteles, den Euripides im Sinne mit seinem Tadel in der Rhetorik (III 2 p. 1404 b 15): εἰ δοῦλος καλλιεποῖτο ἢ λίαν νέος, ἀπρεπέστερον. Vgl. Sittl. a. a. O. III S. 321.

Leser hat aber hoffentlich nicht verkannt, dass wir doch auch innerhalb der besprochenen Einzel-
erscheinungen bei der Aufführung von Belegstellen auf die Wahrung einer zeitlichen Reihenfolge
Bedacht nahmen. Übrigens hat gewiss gerade der Umstand, dass wir als Parallelstellen zu den besprochenen Medeapartien Citate auch aus den späteren Stücken unseres Dichters geben konnten, eine
gewisse Konsequenz desselben in seiner Grundanschauung vom Sklavenstande bereits erwiesen. Letztere gilt es nun jedoch an den weiteren Dramen auch im einzelnen zu prüfen. Im
„Hippolyt" zunächst (Ol. 87, 4 = 428) vernehmen wir aus dem Jagdgefolge des Prinzen die warnende
Stimme des greisen Dieners, der, obwohl oder gerade weil er vergebens seinen unbesonnenen Gebieter umzustimmen versucht hat, bei der beleidigten Göttin angelegentlich Fürbitte für ihn einlegt
(v. 116 ff.), wobei er jedoch den Fehl, dessen Hippolyt sich schuldig macht, im Bewusstsein der
eigenen dienenden Stellung nur leise berührt (v. 114 f., vergl. oben S. 4). Ihm gegenüber ist die
bereits erwähnte Amme eine wenig sympathische Figur. Bestärkt sie doch durch intrigante Sophismen
die Herrin in ihrer verbrecherischen Liebe und führt als unbewusstes Werkzeug der Aphrodite das
Unheil herbei, das den tragischen Gegenstand des ganzen Stückes ausmacht. Ihre desperate Äusserung:
κρεῖσσον δὲ νοσεῖν ἢ θεραπεύειν (v. 186) werden wir ihr freilich nicht allzusehr verargen, wenn wir
θεραπεύειν richtig im speciellen Sinn von der Krankenpflege verstehen, nicht auf das Dienen überhaupt beziehen. Auch opfert sie die Rechtschaffenheit lediglich der Treue gegen ihre in Gram sich
verzehrende Gebieterin (v. 285 ff.) und stürzt so diese nur aus blinder Dienstfertigkeit ins Verderben.
Die verallgemeinernde Schlussfolgerung ferner, welche Hippolyt daraus zieht, es sollten nämlich statt
der geschwätzigen Dienerinnen bei den Hausfrauen eher noch bissige, aber wenigstens sprachlose Tiere
wohnen (v. 645 ff.), ist zu phantastisch gehalten, als dass aus ihr der Amme ein concreter Schimpf
erwüchse. Trifft sie aber immerhin mit vollstem Rechte von allen Seiten der Fluch, durch kupplerische Intriguen ihre Herrin Phädra verraten zu haben (v. 595, 651 ff, 680 f. 682 ff, 1305 f.), auch
als Verräterin darf sie den Ausspruch erleben, dass die Welt ihre Dienstbotentreue nicht in
Zweifel ziehe (v. 698 f.), also gerade die Tugend, um die es uns in der vorliegenden Betrachtung zu
thun ist. Und wie wir schon vorläufig erwähnen mussten, eignet Anhänglichkeit an den Herrn
und Mitgefühl für sein Leid auch Hippolyts Dienern (v. 1173 ff.), zu denen ja auch der bestürzt
herbeieilende ἄγγελος (v. 1151) gerechnet werden muss (v. 1181 vgl. mit 1187; 1195 f.).

Auf die drei nächstältesten Dramen hat bereits der Peloponnesische Krieg seine Schatten
geworfen, und so fällt hier die Stellung des Sklaven zusammen mit Kriegsgefangenschaft. In
dieser Lage befindet sich **Andromache**, die Heldin des gleichnamigen Dramas[1], die sich des schweren
Schicksalswechsels mit Schmerzen bewusst ist (v. 12 ff. 24 f. 30, 98 f. 109 f. 113 f. 327 f. 401 f.,
freilich für sie aus den Worten des Chors nichts weniger als Trost schöpfen kann (v. 127 f. 135 ff.
301 ff.), ja durch die hartherzige Behandlung seitens ihrer neuen jugendlichen Gebieterin ebensowie
des Menelaos zur gewöhnlichen Magd erniedrigt wird (v. 155 f. 165 f.! 231 ff. 125 ff.). Andromache
hat sich aus Furcht vor ihren Peinigern zum Tempel der Thetis geflüchtet, um in der Nähe
des Göttersitzes den Tod abzuwenden (v. 246, 253 ff.). Mehrmals sehen wir bei Euripides Hülflose,
speciell Gefangene oder Sklaven, in gleicher Weise Schutz suchen, dergestalt dass sich in den
Herakleiden (v. 33, 61, 70, 101 f. u. ö.) sowie im Rasenden Herakles (v. 48, 51, 243 ff., die
Handlung teilweise geradezu um Altar des Zeus, in den »Schutzflehenden« (v. 33 ff.) an dem der beiden
eleusinischen Göttinnen abspielt[2]. Dass allen ohne Ausnahme die Benutzung dieses Rechts-
oder Schutzmittels offensteht, erhellt hinreichend aus den Worten Heraklid. 260:

ἅπασι κοινὸν ἕρμα δαιμόνων ἕδρα —,
ausdrücklich für die Sklaven finden wir es aber bezeugt Suppl. 267 f.:

ἔχει γὰρ καταφυγὴν θὴρ μὲν πέτραν,
δοῦλος δὲ βωμοὺς θεῶν.

Freilich wird der so gewonnene Schutz durch rechtswidrige Gewaltakte illusorisch, wie wenn hier, Andr. 257, sowie Herc. Fur. 243 ff. und 285., durch Bedrohung mit Feuer, oder Heraclid. 59 ff. durch Verdrängen vom Göttersitz dem Flüchtling diese Zufluchtsstätte streitig gemacht wird. Zwar bleibt es wie in den beiden zuletzt genannten Tragödien, so auch in der »Andromache« bei der blossen Drohung, dafür wird aber die unglückliche Troerin von Menelaos durch List zum Verlassen des Altars bewogen (v. 380 ff. 411 ff.) und so muß neue Gefahren und Demütigungen preisgegeben (v. 425 ff.). Um so erfreulicher ist die auch im Elend ihr verbliebene Treue eines ehemaligen Dieners, der sie noch gern als Herrin anerkennt (v. 56 ff.) und als solche mit Rat und That unterstützt. Diese Anhänglichkeit geht also hier geradezu in kameradschaftliches Standesgefühl über, das sich dann auch in Andromaches dankbaren Worten ausspricht v. 64 f.:

ὦ φιλτάτη σύνδουλε, σύνδουλος γὰρ εἶ
τῇ πρόσθ᾽ ἀνάσσῃ τῇδε, νῦν δὲ δυστυχεῖ.

Bereits in der Medea finden wir Zeugnisse für freundschaftliche Einmütigkeit unter Dienstboten; auch dort bezeichnet die Amme den Pädagogen als σύνδουλος (v. 65) und bittet um sein Vertrauen, ein Fall, der sich ähnlich im Ion (v. 1109) zwischen Chor und θεράπων wiederholt: nur handelt es sich an diesen beiden Stellen nicht um aufopfernde Treue im Unglück. Dagegen wird die Begrüssung der Hekabe als ὁμόδουλος seitens der mitgefangenen Troerinnen (Hec. 60) durch ein ganz gleiches Verhältnis wie in der Andromache bedingt; dieses von Euripides für das Drama erst geschaffene erfreuliche Verhältnis steht aber in schroffem Gegensatze zu dem früher von uns beobachteten unkameradschaftlichen Treiben der Leichenwächter in Sophokles' Antigone [1].

Das Citat aus der „Hekabe" führt uns zu diesem Drama selbst. Von Anfang bis zu Ende hallt es wieder von lauten Klagen der entthronten Greisin und ihrer Umgebung über ihr Sklavenlos (v. 47 f. 55 ff. 60, 100 ff. 157 f. 202 ff. 332 f. 357 ff. 415, 420, 448 f. 479 ff. 495, 551 ff. 754 ff. 794, 809 ff. 1293 ff.), das auch indirekt mit Kriegsgefangenschaft durchaus identificiert wird, wie wenn die Königin den Odysseus daran erinnert, er sei einst bei seiner Spionage in Troja ganz in ihre Hand gegeben, also ihr Sklave gewesen (v. 247). Von einer Dankbarkeit für die damals erfahrene Lebensrettung und Unterstützung ist freilich bei Odysseus, dem böswilligen Intriganten dieses Dramas, keine Rede; von der Greisin mit Bitten bestürmt, fragt er verwundert mit ironischer Umkehrung der Sachlage, ob er sie etwa zur Herrin erhalten habe (v. 397 vgl. Iph. Aul. 330), und schon vorher hören wir vom Chore, wie gerade er im Rate der Fürsten darauf gedrungen hat, um Sklavenopfer willen die Bitte von Achills Schatten nicht unerfüllt, sein Andenken nicht ungeehrt zu lassen (v. 131 f.). Eher noch zeigt der unglücklichen Königin gegenüber Agamemnon ein mitfühlendes Herz (v. 785); ist er doch sogar, in der Annahme, die bestürzte Hekabe erflehe die Freiheit, zur Erfüllung dieser Bitte anscheinend geneigt (v. 751 f.); freilich dazu, seinen Gastfreund, den verruchten Polymestor, den Manen des gemordeten Knaben zum Opfer zu bringen, versteht er sich nicht (v. 857 ff.); ja den Troerinnen befiehlt er schliesslich gelassen, sich nach den Zelten der neuen Herren zu verfügen und dort ihr weiteres Schicksal abzuwarten (v. 1288 f.). — Obwohl es nun Hekabe, wie wir sahen, den neuen Gebietern gegenüber an Unterwürfigkeit nicht fehlen lässt (v. 234 ff. 1237 f.), legt doch gerade ihr Euripides freimütige Aeusserungen in den Mund, die seinen liberalen Standpunkt deutlich kennzeichnen. Gegenüber dem Blutanteil nämlich, durch welches man Polyxena in den Tod schicken will, erklärt sie, die Barbarin, dem Odysseus v. 291 f.:

[1] v. 259 ff. 413 f. vergl. vorj. Festpr. S. 18.

νόμος δ᾽ ἐν ἡμῖν τοῖς τ᾽ ἐλευθέροις ἴσος
καὶ τοῖσι δούλοις αἵματος κεῖται πέρι —

ein Hinweis auf ein griechisches Gesetz, nach welchem das Leben des Freien wie des Unfreien gleichen Rechtsschutz genoss[1]), Tötung und Misshandlung eines Sklaven aber Gegenstand gerichtlicher Ahndung mittels einer *δίκη ὕβρεως* ward[2]). Wir sahen: Mit Hekabes Forderung wird hier von Euripides nicht, wie anderwärts, ein Idealzustand, die Gleichheit der Menschen, erst angebahnt, sondern nur ein bereits vorhandenes Rechtsverhältnis betont. Gleichwohl ist die Stelle für des Dichters freisinnige Moral bezeichnend! Anachronistisch überträgt er ein attisches Gesetz seines Zeitalters auf die Heroenzeit, die zwar einerseits bewährten Dienstboten, wie Eumaios und Eurykleia, eine patriarchalische, ja familiäre Behandlung angedeihen liess, aber doch andererseits um so härter verfuhr gegen Sklavenuntreue, die durch keine Gesetze geschützt war[3]). In solchem mehr oder weniger unvermittelten Zusammenhang gewinnt die Erwähnung eines Gesetzes über den Rechtsschutz der Sklaven an Bedeutung: Man fühlt sich zu der Annahme bewogen, Euripides, der ja auch sonst den Unterdrückten das Wort redet, habe seinen Zeitgenossen jene humane Bestimmung auch von der Bühne herab einschärfen wollen. Wir werden dem Dichter einstimmen dürfen, dass er in diesem Bestreben wenigstens nicht in Widerspruch mit der Poesie geriet, sowenig sich auch im allgemeinen die Tendenz mit den Forderungen der Ästhetik verträgt. — An der andern Stelle (v. 864—867), deren Text und Sinn anklingt an den früher[4]) besprochenen Vers Aesch. Prom. 50, nur dass dieser die Frage nach der Freiheit der Menschen mehr vom religiösen als vom socialen Standpunkt aus ins Auge fasst, wird ebenfalls eine Gleichheit aller Sterblichen statuiert, jedoch nicht dem Gesetz gegenüber, sondern inbezug auf ihre Abhängigkeit von äusseren Einflüssen und Lebensbedingungen. Die Worte lauten:

οὐκ ἔστι θνητῶν[5]), ὅστις ἔστ᾽ ἐλεύθερος·
ἢ χρημάτων γὰρ δοῦλός ἐστιν ἢ τύχης[6]),
ἢ πλῆθος αὐτὸν πόλεος ἢ νόμων γραφαὶ
εἴργουσι χρῆσθαι μὴ κατὰ γνώμην τρόποις.

Suchten wir eine Ahnung von der »Freiheit der Kinder Gottes«[7]) schon bei Äschylus vergebens, so darf uns auch hier die Klage über die Knechtung der Welt nicht Wunder nehmen. Für unsern Zweck ist allein hier wichtig, dass auch von Euripides diese Unfreiheit auf alle Menschen ausgedehnt wird, und dies folgt erst wieder aus seiner Anschauung von der Gleichheit der Menschen, die uns demnächst noch besonders beschäftigen wird (S. 12 f. 15).

In eine neue und für den Sklavenstand charakteristische Situation versetzen uns die der »Hekabe« zeitlich nahestehenden **„Herakleiden“**. Zwar dass hier ein Diener des Hyllos, eines der Heraklessöhne, der bedrängten Alkmene das rettende Erscheinen seines Herrn meldet und darauf dem angesichts des Kampfes wunderbar sich verjüngenden Jolaos bei der Anlegung der Rüstung behilflich ist (v. 630 ff.) erscheint uns nicht ungewöhnlich; auch wenn dann ein anderer Diener[8]) frohen Anteil an der Siegeskunde nimmt, die er zu überbringen hat (v. 784 ff.), so entspricht dies durchaus der treuen Gesinnung, durch die sich euripideische Sklaven meist auszuzeichnen; dagegen wirkt

---

[1]) Antiph. caed. Herod. § 47 f.

[2]) Dem. Mid. § 47 S. 529, 12; Aeschin. Timarch. § 15 S. 41; Athen. VI S. 266 F f. nach Hypereides und Lykurg; vgl. Lipsius, Att. Prozess S. 397 ff.

[3]) Od. 22, 457 ff.

[4]) Vorj. Festpr. S. 95 f.

[5]) *θνητῶν* ist masc.; vgl. die La. *οὐκ ἔστιν ἀνδρῶν* (Aristot. Rhet. II 21).

[6]) Über die *δουλεία* der Menschen bei der *τύχη* vgl. unten S. 26.

[7]) Paul. Rom. 8,21.

[8]) Vgl. Elmsley zu Heraclid. 784.

es überraschend, dass die ehrwürdige Mutter des Herakles dem biedern, mitfühlenden Burschen zum Lohne die Freilassung verheisst (v. 788 ff.): ein Gnadenakt, zu welchem Alkmene durch die eigne Erlösung von drohender Gefangennahme und Knechtschaft (v. 873 ff.) bewogen wird. Auf was für dankbaren Boden das beglückende Wort bei dem Sklaven fällt, spricht sich in der Ungeduld aus, mit welcher er die Herrin gar bald an die Erfüllung ihres Versprechens erinnert, wobei es auffallen kann, dass Alkmene kein Wort auf jene Mahnung erwidert, sondern die manumissio sich durchaus stillschweigend vollzieht; möglicherweise erklärt sich aber dies aus dem schon von Musgrave angenommenen Ausfall einiger Verse, wie ja auch sonst gerade dieses Stück mit Lücken und Textentstellungen behaftet ist. Immerhin würde schon eine würdevolle Handbewegung der Matrone als Bejahung verständlich sein. Wir möchten den ganzen Vorgang nicht in seiner Bedeutung überschätzen, etwa in dem Sinne, als habe Euripides durch diese Scene zur Freilassung treuer Sklaven anregen wollen. Nichtsdestoweniger lehrt dieses rührende Intermezzo ganz im Einklang mit unseren bisherigen Beobachtungen, dass Euripides — gewiss in freigebigerem, reicherem Masse als sein grösserer Vorgänger[1]) — auch dem Knechte seinen Lohn zuerkannt sehen wollte, ja ihn auch für ein geringes Verdienst, wie es die Überbringung einer frohen Botschaft ist, der Verbesserung seines Loses, der Hebung seines Standes für würdig hielt. Übrigens sei auch hier schon bemerkt, dass sich der Fall der Freilassung im »Orest« wiederholt, wo der phrygische Kastrat unter ziemlich phantastischen Nebenumständen mit dem Worte ἀφίεσαι aus seinem Dienstverhältniss entlassen wird (v. 1525 ff.), während, wie wir sahen, in der »Hekabe« die Bitte der Greisin um Freiheit nur auf einer irrigen Annahme Agamemnons beruht (v. 754 f.).

Unter den verlorenen Stücken, die für unsern Zweck irgendwie in Betracht kommen, gehören noch der älteren Schaffensperiode unseres Dichters, wenn auch gewiss ganz verschiedenen Jahren, die Tragödien »Ino«, »Phaethon«, »die gefesselte Melanippe« und »Stheneboia« an. Ohne natürlich auf die Fabel jedes dieser Dramen einzugehen, über deren Rekonstruktion wir auf die hervorragenden Arbeiten Welckers, Ribbecks und Wecklins verweisen müssen, heben wir nur hervor, was die Stellung des euripideischen Sklaven hier zu beleuchten geeignet ist. In der »Ino« wird der Königin Themisto von ihrem Gatten Athamas die Titelperson als Gefangene ins Haus zugeführt und als Dienerin übergeben, jedoch nicht als niedre Magd, sondern als Gesellschafterin, die mit Freiheit reden darf und soll[2]); auf dieses ungewöhnliche und daher wichtige Verhältnis beziehen sich des Königs Worte fr. 410[2]:

τοιάνδε χρὴ γυναικὶ προσπολεῖν ἐᾶν,
ἥτις τὸ μὲν δίκαιον οὐ σιγήσεται,
τὰ δ᾽ αἰσχρὰ μισεῖ καὶ κατ᾽ ὀφθαλμοὺς ἔχει.

Die Stellung der Vertrauten also, welche sich Personen, wie die Amme im »Hippolyt«, mehr oder weniger anmassen, ist hier der Ino ausdrücklich eingeräumt, ja die παρρησία zur Pflicht gemacht. Dass die Redefreiheit zu den Rechten des freien Atheners gehörte, umgekehrt im Zeitalter unseres Dichters[3]) ihre Versagung ein Kennzeichen des Sklaven war, bezeugt ersterer Hippol. 422. Ion. 670 ff.

---

[1]) Vgl. vorjähr. Festprogr. S. 100.

[2]) Welcker II S. 619 f.

[3]) Im vierten Jahrhundert erfreute sich in Athen auch der Sklave der παρρησία, vgl. Dem. Phil. III 3; Phut. Stich. III 1,37. Dem letzteren Drama liegt nach der Didaskalie des Ambrosianus als griechisches Original eine Komödie Menanders, die Ἀδελφοί, zu Grunde, »nur nicht das von Terenz übertragene Stück, sondern ein anderes gleichnamiges« (Ribbeck, Gesch. d. Röm. Dichtg. I S. 124; vgl. Fr. Schöll, Fleckeis. Jahrb. Bd. 119 (1879) S. 44 ff.). Nun ist aber bekanntlich die mittlere und neuere attische Komödie ein getreues Abbild ihrer von Euripides mächtig beeinflussten Zeit. Sollte also der von Demosthenes bezeugten socialen Fortschritt nicht im wesentlichen Euripides bewirkt haben? Von einem Gegensatz oder Widerspruch zwischen Eur. Phoen. 391 und Dem. Phil. III 3, wie ihn Becker—Göll (Charikles III² S. 28) anzunehmen scheint, ist also wohl keine Rede, vielmehr waltet hier ein Kausalnexus ob.

Phoen. 391. Iph. Aul. 313: Ino geniesst demnach trotz ihrer dienenden Stellung ein Vorrecht des Freien. Offenbar benutzt sie aber mit Vorsicht die ihr gewährte Concession, wenn anders Plutarch die Worte in fr. 413² richtig als Ausspruch der Ino selbst citiert; wenigstens steht seiner Richtigkeit der Wortlaut des Fragmentschlusses:

$$— \; καὶ \; γὰρ \; ἐν \; κακοῖσιν \; ἄν$$
$$ἐλευθέρωσαν \; ἠμπεπαίδευμαι \; τρόπους$$

nicht im Wege, da wir die gleiche männliche Participialform auch sonst wiederholt auf das Weib bezogen finden[1]. Sind also, wie es wahrscheinlich ist, jene Verse die Worte Inos, so gedenkt sie, trotz ihrer bevorzugten Stellung, der Vergangenheit und ihrer freien Geburt und Erziehung mit Wehmut, angesichts ihrer gegenwärtigen Lage, bei der sie sich immerhin nur ἐν κακοῖσιν befindet. Des politisierenden Pädagogen (fr. 420?) ist bereits früher Erwähnung geschehen (S. 4), in demselben Zusammenhang aber des Boten der nächsten, ›Phaethon‹ betitelten Tragödie, welcher über den Unwert des Reichtums (fr. 776?) sowie über die verkehrte Nachgiebigkeit des Vaters gegen die Kinder philosophiert. Ferner mussten wir als Beleg für das herzliche Verhältnis zwischen Herrn und Diener schon des Hymenaeus gedenken, den der Jungfrauenchor anstimmt (S. 4); wir heben hier die schönen Worte heraus fr. 773 v. 38—48[2]:

κῶμον δ' ἐμετάων διακονέτων
ἐπὶ καὶ τὸ δίκαιον ἄγει καὶ ἔρως
ὑμνεῖν· ὁμοσίν γὰρ ἀνάκτων
εὐναρροι προςιοῦσαι
μοίχαι θράσος αἴρουσ'·
ἐπὶ χάρμασ'· εἰ δὲ τέχα τι τέκοι,
βασὶν βασιλὰ φόρον ἔπιμγα φάτις.
ὁρᾶζεται δὲ τάδε φίλος γάμον τέλος,
τὸ δή ποτ' εὐχαῖς ἐγὼ
λισσομένα προσέβαν
ὑμέναον ἄϊσαι
φίλον φίλον διακονάν.

Lehrreich ist endlich auch fr. 775[2]:

ἐλεύθερος δ'ὼν δοῦλός ἐστι τοῦ λέγους
πεπραμένον τὸ σῶμα τῆς φυγῆς ἔχων.

Es ergiebt sich aus ihm zur Genüge, dass Euripides den erheblichen Unterschied zwischen Knecht und Freiem keineswegs seiner freisinnigen Theorie zuliebe in kritikloser Gleichmacherei verneint, vielmehr kein Bedenken trägt, die Abhängigkeit des Sklaven mit der leidigen Unfreiheit des Pantoffelhelden auf gleiche Stufe zu stellen. Dem Misogyn Euripides ist ein gelegentlicher Seitenhieb auf den Weiberknecht besonders geläufig[3]; denn es bewegt sich in der nämlichen Gedankensphäre auch fr. 502[4] der ›Melanippe‹[5]: Reiche Mitgift oder höhere Herkunft der Gattin knechtet den Ehemann. κοὐκέτ' ἔστ' ἐλεύθερος. Daher (fr. 503[6]):

μετρίων λέκτρων, μετρίων δὲ γάμων
μετὰ σωφροσύνης
κῦρσαι θνητοῖσιν ἄριστον. —

[1] Vgl. W. Dindorf, Annot. Oxon. ad Eur. Hipp. 1106 p. 312; ad Hel. 1630 p. 869; ad I. T. 454 p. 519.
[2] Vgl. Phoenix fr. 843. Or. 9.95 f.
[3] Das Citat bei Stobaios Floril. 70, 1) enthält keinen Zusatz darüber, ob es sich um die erste oder die zweite ›Melanippe‹ handelt.

Wie hier die σωφροσύνη, so werden in dem wichtigen, durch Blass' Papyrusfunde[1] so wesentlich bereicherten fr. 495 v. 40 ff. (fr. 514 der 1. Ausg.; vgl. Stob. floril. 86,9) zwei andere Cardinaltugenden der Griechen, ἀνδρεία und δικαιοσύνη, »selbst wenn ihre Träger von Sklaven abstammen«, hoch über die εὐγένεια gestellt. Dass der Dichter in der »Melanippe« fr. 511[2] seine Unbefangenheit bei der Beurteilung der dienenden Klasse bis zur Bevorzugung steigert, haben wir schon bei der Betrachtung gleichartiger Aussprüche nachdrücklich betonen müssen. In der »Sthenebora« endlich ist eine wichtige Rolle der Amme zugeteilt gewesen; ohne dass die Wirkungen ihres Einflusses bestimmt zu erkennen wären, hat doch Wecklein[2], gewiss richtiger als Welcker[3], ihr eine Stellung angewiesen, welche, bis auf die moralisch-pathetischen Excurse[4], im wesentlichen an die Amme Phädras erinnert, wie ja in beiden Dramen, »Hippolyt« und »Sthenebora«, auch das Liebesmotiv das nämliche ist[5]).

Euripides' „**Schutzflehende**", welche bereits dem vorletzten Jahrzehnt seines Lebens und Strebens angehören, lieferten unserer Betrachtung früher eine Stelle (v. 267 f., vergl. S. 7), welche das rechtliche Verhältnis des Sklaven erläuterte. Während es uns aber nach dem eigenen deutschen Sprachgebrauch ohne weiteres verständlich war, dass auf den Uxorius der Begriff der Sklaverei von Euripides angewendet wurde, ist es für seine Bildersprache bezeichnend, dass er hier Suppl. 361 f. die Bethätigung der Kindesliebe einen den Eltern erwiesenen »Gegendienst« nennt[6]). Damit möchten wir die Anwendung von δοῦλος und den stamm- wie sinnverwandten Ausdrücken zur Bezeichnung der Götterverehrung, des Gottesdienstes vergleichen, einen übertragenen Gebrauch, der uns ja übrigens, wie der früher erwähnte, in der eigenen Sprache gleichfalls geläufig ist; bei Euripides erscheint dieses Bild in verschiedenem Sinne. Der eigentlichen Bedeutung des Dienens kommt es recht nahe, wenn Ganymed ob seiner καλλίστα λατρεία bei Zeus glücklich gepriesen wird[7]) oder Hermes sich selbst δαιμόνων λάτριν nennt,[8]) oder endlich Helena den Menelaos davor warnt, sie für eine gespenstische Dienerin der Hekate zu halten[9]). Der Gottheit gegenüber stehen ferner in einem priesterlichen Dienstverhältnis, das von der niederen Sklaverei mit Recht unterschieden wird (Ion. 556, vgl. unten S. 16), der jugendliche Hierodule Ion[10]) ebensowie seine delphischen Genossen[11]), sodann die taurische Iphigenie[11], ferner die zu Dienerinnen des Apoll bestimmten Phoenissen[12] und endlich auch die Bakchantinnen, welche den selig preisen, ὅστις λάτρευσιν θεραπεύει[14]). Schliesslich handelt es sich um einen rein übertragenen Gebrauch in Orests Äusserung (Or. 418):

$$\text{δουλεύομεν θεοῖς, ὅ τι ποτ' εἰσὶν οἱ θεοί,}$$

wie er denn auch der Vorstellung von der Herrschaft der Kypris zu Grunde liegt; selbst Zeus, heisst es Troad. 949 f.:

$$\text{ὃς τῶν μὲν ἄλλων δαιμόνων ἔχει κράτος,}$$
$$\text{κείνης δὲ δοῦλός ἐστι[15]).}$$

Anderwärts freilich wird die Abhängigkeit eines Gottes vom andern bestritten[16]).

Wir kehren zu den »Schutzflehenden« zurück, in denen der Bote, ein Diener des gefallenen Kapaneus (v. 639), von Theseus' aufopfernder Fürsorge für die Bestattung der sieben Helden berichtet, an welcher kein Sklave beteiligt gewesen sei (v. 762 f.); auch als nachher Adrast die Beerdigung den Dienern übertragen will, nimmt Theseus dieses Liebeswerk für sich in Anspruch, während man bei Euripides sonst allerdings Sklaven die Besorgung der Leichen überlässt[17]). Freilich sind die Dienste

---

[1]) Vgl. Rhein. Mus. Bd. 35 (1880) S. 290 ff.   [2]) s. a. O. S. 100 ff.   [3]) s. a. O. II S. 779.   [4]) fr. 661. 662[4]; vgl. oben S. 4 f.   [5]) Vgl. Ar. Ran. 1043.
[6]) τοῖς τεκοῦσιν ἀντιδουλεύειν.
[7]) Troad. 824.   [8]) Ion. 4; vgl. Aesch. Prom. 912. 954. 966 f. 983 und vorjähr. Festprogr. S. 96.   [9]) Hel. 570.
[10]) Ion. 128 ff. 151. 182. 309. 327. 1342. 1373.   [11]) v. 94: Φοῖβον Ἀπόλλω θεραπεύειν.   [12]) v. 798.
[13]) Phoen. 205. 224. 225.   [14]) Bacch. 72. 82; vgl. Cycl. 709.   [15]) Vgl. Hipp. 538. Androm. fr. 132[4].   [16]) Herc. Fur. 1341 ff. 1344?
[17]) El. 959 f.

2*

die ihnen aufgetragen werden, meist niedriger und geringer: so das Striegeln, die Fütterung und Anschirrung der Pferde (Hipp. 110, El. 1135 f. Hel. 1180 f.), das Hüten der Herde (Alc. 8. Cycl. 26, 83), die Herbeiholung von Hunden und Fangschlingen (Hel. 1170 f.), von Fesseln (I. T. 1205) und Waffen (El. 360, Phoen. 778 f.), das Wasserholen und die Reinigung von Haus und Tempel (Androm. 166, Her. 363, El. 108, 309, Ion. 94 ff. Bacch. 625 f. Cycl. 33), die Wäsche (Hel. 865 ff.), das Spinnen und Weben (El. 307, Ion. 747 f. Bacch. 514), das Öffnen der Thüren (H. F. 332, Troad. 492 f. I. T. 1304, Or. 1561 ff. I. A. 1340), das Voranbringen einer Fackel (Hel. 179 ff.), das Herausheben der Herrschaft aus dem Wagen (El. 1004 ff. I. A. 610 ff.), die Zubereitung des Essens (Hipp. 109, Her. 362, Troad. 494), die Bedienung bei Tische (Cycl. 31), die Hilfe beim Opfer (El. 799 ff.), die Bewachung der Gefangenen (I. T. 638, Bacch. 227), die Krankenpflege (Hipp. 198 ff.). Nur etwa dass der greise Sklave von Agamemnon mit der Überbringung eines geheimen Briefes beauftragt wird (I. A. 111 ff.), erscheint als ein Geschäft, für welches das besondere Vertrauen des Herrn wie die erprobte Zuverlässigkeit des Dieners die Voraussetzungen bilden. Es ist wahr, mit der Erwähnung jener häuslichen Geschäfte steigt Euripides ziemlich häufig in die Prosa des täglichen Lebens herab, was man dem Dichter vom ästhetischen Standpunkt aus gewiss verübeln muss); immerhin verrät die stattliche Zahl der citierten Stellen, die sich noch vermehren liesse, andrerseits auch ein teilnehmendes Interesse für solche Sklavenarbeit, und dieses passt durchaus in den Rahmen des Bildes, das wir von Euripides' Humanität zu entwerfen versuchten.

Schade, dass von Wilamowitz' hervorragender Ausgabe des „**Rasenden Herakles**" nicht ein Abglanz auf diese Zeilen fällt. Es hat einfach darin seinen Grund, dass dieses Drama, abgesehen von einigen gelegentlich schon berührten Stellen, gerade für unsern Zweck keinen Stoff bietet, der durch jenen Commentar in neuer Weise beleuchtet würde. Im ersten Teile der Tragödie, welcher es ja an straffem Zusammenhang nur zu sehr mangelt, stellt Lykos an die Herakleiden das anmassende Verlangen, als Sklaven sich seiner Herrschaft zu fügen (v. 250 f.), indem er sie, wie wir bereits gesehen (S. 6 f.), mit der Vertreibung vom Zeusaltar durch Feuer bedroht (v. 240 ff.). Mutig wissen aber die Choreuten durch den Mund ihres Koryphaios unter entschiedener Bestreitung solcher Herrscheransprüche (v. 258 f. 270, 274) sich ihres Bedrängers zu erwehren, bis Herakles selbst unerwartet von seiner Hadesfahrt zurückkehrt und durch die Tötung des Tyrannen die Seinigen von drohender Knechtschaft errettet (v. 523 ff.)).

Es ist nun aber hier der Ort, eine hochwichtige Stelle zu besprechen, welche geradezu den Kernpunkt der euripideischen Moral berührt. Die Worte v. 633:

$$\pi\acute{\alpha}\nu\tau\alpha\ \tau\grave{\alpha}\nu\vartheta\varrho\acute{\omega}\pi\omega\nu\ \emph{ἴσα}$$

sind zwar etwas dunkel gehalten, sodass Wilamowitz selbst am Text scharfsinnig hat ändern wollen), ihr Sinn aber kann nicht zweifelhaft sein; die Worte: »Alles Menschliche ist gleich« predigen die Gleichheit der Sterblichen) und werden dann durch den Hinweis auf die Unterschiedslosigkeit

---

) Daher Aristophanes' Spott in den »Fröschen« v. 980 ff., vgl. v. 959 f.

) In der Abschweifung über den Wert der Bogenschützen (v. 188 ff.), einer historischen »Anspielung auf die Schlacht bei Delion, wo Athen seine schwerste Niederlage dadurch erlitt, dass die Hoplitenphalanx geworfen und ihr Rückzug durch keine leichte Infanterie gedeckt wurde (Wilamowitz II S. 34) f.), erlaubt der ἀνὴρ ὁπλίτης den Schimpf, δοῦλος ἀτέων genannt zu werden (v. 190), ein Beispiel des übertragenen Gebrauchs von δοῦλος zur Bezeichnung schmachvoller Abhängigkeit.

) »Euripides' Herakles II S. 169 f.: πάντα τἀνθρώπων ἴσα. Die Textänderung wird nicht nur angedeutet und angeregt als wirklich ausgeführt; denn die vorhandenen Worte τἀνθρώπων übersetzt Wilamowitz: humana, das Menschliche. Dieser Sinn genügt schon durchaus.

) Mit Recht warnt Wilamowitz vor ähnlich klingenden Euripidesstellen (Her. 805, Suppl. 432, fr. incert. 1089), wo jedoch ἴσον = δίκαιον ist. Dagegen wird die Gleichheit und Allgemeinheit der Elternliebe auch Diet fr. 346 betont.

— 13 —

zwischen arm und reich im Punkte der Elternliebe erläutert. Ohne diese Exemplificierung und daher fast noch wirksamer erscheint der Gedanke von der Gleichberechtigung des Menschen seit der Geburt im »Alexandros« (fr. 52³), auf den wir nun der bedeutsamen Situation willen, in welche der Zuschauer dort versetzt wird, zurückkommen müssen. Hier führen wir vorläufig nur v. 3—6 an:

> τὸ γὰρ πάλαι καὶ πρῶτον ὡς ἐγενόμεθ', οἳ
> διέκρινεν ὁ τεκοῦσα βροτούς·
> ὁμοίαν χθὼν ἅπασιν ἐξεπαίδευσεν ὄψιν.
> ἴδιον οὐδὲν ἴσχομεν.

Aus politischen Gründen empfiehlt ferner Iokaste die Gleichstellung der Menschen Phoen. 535 ff.:

> — κεῖνο κάλλιον, τέκνον,
> ἰσότητα τιμᾶν, ἣ φίλους ἀεὶ φίλοις
> πόλεις τε πόλεσι συμμάχους τε συμμάχοις
> συνδεῖ. τὸ γὰρ ἴσον νόμιμον ἀνθρώποις ἔφυ.

Der Wert hoher Geburt und irdischen Besitzes wird damit freilich bestritten, statt dessen allein der innere Wert gepriesen; so heisst es El. 367 ff.:

> οὐκ ἔστ' ἀκριβὲς οὐδὲν εἰς εὐανδρίαν·
> ἔχουσι γὰρ ταραχὰς αἱ φύσεις βροτῶν.
> ἤδη γὰρ εἶδον παῖδα γενναίου πατρὸς
> τὸ μηδὲν ὄντα, χρηστὰ δ' ἐκ κακῶν τέκνα,
> λιμόν τ' ἐν ἀνδρὸς πλουσίου φρονήματι,
> γνώμην δὲ μεγάλην ἐν πένητι σώματι —

und Antig. fr. 163²:

> ἀνδρὸς φίλου δὲ χρυσὸς ἀμαθίας μέτα
> ἄχρηστος, εἰ μὴ κἀρετὴν ἔχων τύχοι.

Ja ganz modern klingt es uns in der That, wenn wir lesen Meleag. fr. 526²:

> τό τοι κράτιστον, κἂν γονῇ κακός τις ᾖ,
> τοῦτ' ἔστιν ἀρετή· τὰ δ' ὄνομ' οὐ διαφέρει.

Allerdings reden alle diese Citate noch nicht direkt vom Sklaven, doch wird gerade seine Sache nur zu deutlich, ja wahrhaft radikal verfochten in Aussprüchen, die ihn, wenn er nur rechtschaffen ist, unbedenklich über den Freien stellen. Es sind dies die oft angeführten drei Stellen, die bis in die neuere attische Komödie nachklingen²); zuerst Melanipp. fr. 511²:

> δοῦλον γὰρ ἐσθλὸν τοὔνομ' οὐ διαφθερεῖ,
> πολλοὶ δ' ἀμείνους εἰσὶ τῶν ἐλευθέρων —,

sodann Ion 854 ff.:

> ἓν γάρ τι τοῖς δούλοισιν αἰσχύνην φέρει,
> τοὔνομα· τὰ δ' ἄλλα πάντα τῶν ἐλευθέρων
> οὐδὲν κακίων δοῦλος, ὅστις ἐσθλὸς ᾖ —,

endlich Phrix. fr. 831²:

> πολλοῖσι δούλοις τοὔνομ' αἰσχρόν, ἡ δὲ φρὴν
> τῶν οὐχὶ δούλων ἔστ' ἐλευθερωτέρα²).

(Vgl. noch Aeol. fr. 21². Melan. fr. 495, 40 ff.² Hel. 728 ff.)

¹) Vgl. Ribbeck, Eur. u. s. Zeit S. 21 f.; Schenkl, a. a. O. S. 360; Mommsen, R. G. I⁴ S.604; Nauck, Eur. trag. I² p. XXIII; Leop. Schmidt, a. a. O. I. S. 296; Oncken, Athen und Hellas II S. 106.

²) Diese letzten Verse sind dem undatierbaren »Phrixos« entnommen, der sich schwer einreihen lässt und daher hier eine Stelle finden soll. Sie gehen dort einem alten treuen Diener, der genannt wird fr. 830²:

> λίτος πενίαις ἀπὸ ἀρχαίων δόμων.

Von Ino bestochen, verschuldet er zwar anfangs durch Ueberbringung eines gefälschten delphischen Orakels beinahe die Opferung des Phrixos, dann aber »cum ad aram ille cum infulis esset adductus —, satelles misericordia adolescentis Inus Athamanti consilium patefecit« (Hygin. fab.⁴; vgl. Welcker II S. 613 f.).

So neu und unvermittelt aber solche Grundsätze dem antiken Hörer vorkommen mussten [1], ja so bedenklich sie uns heute erscheinen, die wir — freilich eben ohne Sklaverei! — in der vernünftigen Scheidung der Stände eine der Bedingungen staatlicher Ordnung und bürgerlichen Gemeinwohls, also einen Segen erblicken — wir werden Euripides ob solcher Aussprüche unsere bewundernde Anerkennung nicht vorenthalten können. Dass er dem Staate gegenüber, der im Altertum alles beherrschte, die Rechte des Individuums und der Familie geltend macht, dass er — was wir hier nur andeuten wollen — die Vorurteile der Nationalität und der Geburt bekämpft, dafür aber energisch die unveräusserlichen Menschenrechte auch des Sklaven verficht, wird ihm in der Kulturgeschichte der Menschheit stets einen hervorragenden Platz anweisen und sichern [2].

Während im »Rasenden Herakles«, an dessen Besprechung wir vorstehenden Excurs anreihten, die Herakleiden noch der Knechtschaft entgehen, zeigt sich dagegen das Sklavenlos unabwendbar in den **„Troerinnen"**, einem düstren Drama, das, wie die beiden bereits besprochenen trojanischen Tragödien, erfüllt ist von dem Jammergeheul gefangener Weiber.

»Von der süssen Heimat fern
»Folgen sie dem fremden Herrn«.

Manche Züge treten hier aufs neue hervor, die wir früher schon beobachteten. Wenn aber der Dichter hier zum ersten Male der Schur des Haupthaars gedenkt (v. 141 f. 480), welcher sich Sklaven unterwerfen müssen [3], während umgekehrt der freigelassene Phryger im »Orest« (v. 1532) nunmehr sich seiner langen blonden Locken freuen darf, so ist dies nur eine der zahlreichen Demütigungen des dienenden Standes, welche Euripides, wie kein anderer Dichter [4], mit lebhaften Farben geschildert hat. Ungleich härter ist freilich das Geschick des gefangenen und geknechteten Weibes, wenn es von dem neuen Gebieter zur Ehe gezwungen wird. Früher bereits beschäftigte uns das Geschick Tekmessas in Sophokles' »Ajax« [5], welche bei aller Liebe und Bewunderung für den gewaltigen Gatten die einstige Freiheit nicht vergessen kann und am meisten bebt bei dem Gedanken an eine nochmalige Gefangennahme. Und wie über Andromache (Androm. 25. 390) und Polyxena (Hec. 365 f.) die Zwangsheirat verhängt wird, so muss hier in den Troerinnen Kassandra als Braut dem Agamemnon in die Fremde folgen (v. 419 f. vgl. 42 ff.) und ihn als δεσπότην σώματος anerkennen, während der schönen Spartanerin durch Menelaos' rettende Dazwischenkunft die Schmach einer zweiten unfreiwilligen Ehe (Hel. 61 ff. 311. 783 ff. 793. 833) noch glücklich erspart bleibt.

Aber Euripides that mehr, als dass er etwa bloss das Mitleid für die dienende Klasse in Anspruch genommen hätte. Die Tetralogie, der die »Troerinnen« als drittes Stück angehören, wird eröffnet durch den **„Alexandros"**: es ist die Tragödie, in welcher der grosse Dichter einen zwischen Priamos und seinen Söhnen entbrannten Conflict benutzt, processartig »die wichtige sociale Frage über die Stellung des Sklaven zu erörtern« [6]. Veranlassung zu dem Streite wird das Erscheinen des

[1] Vgl. Ar. Ran. 951 f.:
ΔΙΣΧ· οὐκ ἀπεθανετε σε ταῦτ᾽ ἐγώγε τοιαῦτα ;
ΕΥΡ· μὰ τὸν Διόνυσον·
δημοκρατικὸς γὰρ αὖτ᾽ ἔδρων.
Schol. zu 951: ταῦτα· τὰ τοῖς δούλοις τοῖς δεσπόταις ἰσότιμος ποιεῖν.
— zu 952: δημοκρατικόν· — —
οὐ γὰρ καλὸν ἴξ ἴσου τοῖς δούλοις τοῖς δεσπόταις παρρησιάζεσθαι.

[2] Vgl. Schenkl, Philologus XX S. 685.
[3] Vgl. El. 108. 148. 241. 335. Ar. Av. 807; Plat. Alcibiad. p. 120b; Lucian. Tim. 22; Büchsenschütz a. a. O. S. 161.
[4] Vgl. Schenkl, Zeitschrift f. d. österr. Gymn. XIII. S. 368.
[5] Vgl. vorjähr. Festprogr. S. 99 und 95 (Aesch. Sept. 361 ff.).
[6] Ribbeck, R. Tr. S. 86.

jungen Paris beim Festspiel: Wie Ödipus infolge eines Orakels bei seiner Geburt ausgesetzt, aber von mitleidigen Hirten im Gebirge auferzogen, ist er den königlichen Trabanten, die zum Leichenopfer seinen Lieblingsstier entführten, nach Troja gefolgt und in den Wettkämpfen am Totenfest überall, auch über seine Brüder unerkannt Sieger geblieben. Vor dem neidischen Grimme des Deiphobos rettet ihn nur die Flucht an den Zeusaltar (vgl. oben S. 6 f.). »Der greise wohlwollende Priamos ist geneigt, wenigstens in diesem Falle das Recht des gewandten Knechts anzuerkennen, während einer seiner Söhne mit scharfen verächtlichen Worten das überlieferte Vorurteil und die Prärogative der Herren verficht« [1]. In der That redet jener hocharistokratisch gesinnte Königssohn vom Sklavenstande mit Worten, welche wir früher schon mit Schenkl als Euripides' härteste Urteile über diese Menschenklasse anführen mussten (S. 2) [2]. Während zwei derselben (fr. 48. 49) den Sklaven als Auswurf der Menschheit brandmarken, liegt im letzten (fr. 51) eine aus Paris' Sieg gefolgerte Mahnung an die Herren, sich solche Leute nicht über den Kopf wachsen zu lassen, eine berechtigte Warnung, die der Dichter — möglicherweise nach eigenster häuslicher Erfahrung (vgl. unten S. 25 ff.) — im »Archelaos« (fr. 251) sowie im »Syleus« (fr. 689, wo v. 1 gewiss schon Musgrave mit der La. δεσπότης das richtige getroffen hat) wiederholt. Nun ist es eine seltsame Verwickelung, die im besten Sinne Euripides' Erfindungsgabe zur Ehre gereicht, dass nämlich auch die Sache der Sklaven ein geborener Prinz führt. Jeweniger Alexandros von seiner Herkunft weiss oder als Sohn und Bruder den Seinigen bekannt ist, um so überraschender und ergreifender muss es auf den in einem genealogisch-historischen Prolog) bereits unterrichteten Zuschauer wirken, wenn er aus hohem Munde so radikale Aussprüche vernimmt. Euripides bewegt sich hier ganz in seinem liberalen Fahrwasser: Sein Hirtenprinz leugnet nicht nur schlankweg jeglichen materiellen Unterschied zwischen Sklav und Freiem, der nur dem Namen nach existiere (fr. 57), sondern er versteigt sich auch zu der spitzfindigen, in den verlorenen Versen vielleicht noch weit spitzfindiger bewiesenen Behauptung, dass Reichtum, hohe Geburt und vornehme Verehelichung Quellen der Unsittlichkeit und Entartung seien (fr. 55. 54. 59). Und ganz im Sinne des siegreichen jugendlichen Genossen verwirft ein ihn begleitender Hirtenchor die Vorzüge edler Abkunft und irdischen Besitzes und proclamiert in feierlichen Rhythmen die natürliche Gleichheit aller Sterblichen, fr. 52 [2]:

προσφύνθος ὁ λόγος, εἰγένειαν εἰ
βρότειον εὐλογήσομεν.
τὸ γὰρ πάλαι καὶ πρῶτον ὡς ἐγενόμεθ᾽, οὐ
διέκρινεν ἁ τεκοῦσα βροτοῖς·
ὁμοίαν χθόνα ἅπασιν ἐξεπαίδευσεν ὄψιν.
ἴδιον οὐδὲν ἔσχομεν· μία δὲ γονὰ
τό τ᾽ εὐγενὲς καὶ τὸ δυσγενές·
νόμῳ δὲ γαῦρον αὐτὸ κρίνει χρόνος·
τὸ φρόνιμον εὐγένεια, καὶ τὸ συνετὸν
ὁ θεὸς δίδωσιν, οὐχ ὁ πλοῦτος.

Unter der stattlichen Fülle freisinniger Äusserungen, die wir früher schon im Zusammenhang registrierten (S. 12 f.) bezeichnen diese Verse unstreitig den Höhepunkt.

Einen treuergebenen, dankbaren Tempelsklaven Apolls haben wir bereits gelegentlich in **Ion,** dem Helden des gleichnamigen spannenden Intriguenstücks, kennen gelernt (S. 3). Immerhin wird seine Anhänglichkeit an den göttlichen Pflegevater offenbar bedingt durch die Überzeugung, er sei

---

[1] Ribbeck a. a. O.

[2] Für die vier Fragmente (48–51) ist übrigens bezeichnend, dass wir sie sämtlich aus demselben Kapitel des Stobaeus (Florileg. 62) kennen.

[3] Offenbar wiedergegeben in Ennius' Alexander, vgl. Ribbeck a. a. O. S. 82.

infolge seiner Aussetzung und Aufnahme in das delphische Heiligtum »der Sklaverei entgangen« (v. 556), woraus sich ergiebt, dass er zwischen seiner freudig empfundenen Stellung als Hierodule und der niedern Knechtschaft wohl unterscheidet[1]). Neben seinen priesterlichen Amtsgenossen, die ein hier übrigens stummes *παραχορήγημα* bilden, erscheint als eigentlicher Chor des Dramas das weibliche Gefolge der Königin von Attika, dessen herzliche Teilnahme am Glück und Unglück der Herrschaft, ebensowie die gleiche Gesinnung von Kreusas Pädagogen, wir seinerzeit bereits rühmen durften (S. 3 f.). Zwischen der Herrin und ihrer Dienerschaft, dem Alten wie den Athenerinnen, waltet das beste gegenseitige Vertrauen; eröffnet sie doch in Gegenwart des Chors dem greisen Erzieher das Geheimnis ihrer Schande (v. 934 ff.) und findet in dem Schmerze über den einstigen Verlust ihres Kindes auf beiden Seiten das wärmste Mitgefühl. Die ihr nahende Gefahr halten Pädagog wie Dienerinnen ganz für die eigene (v. 808. 857); nur äussert sich die Empfindung auf verschiedene Weise: während der lebensfrische, freilich auch närrische und selbstgefällige Greis[2]) die Königin zu entschlossener Gegenwehr ermutigt, ja selbst zu Mordanschlägen auf Xuthos und Ion die Hand bietet (v. 850 ff. 976. 1026. 1040), jammern jene nach Weiberart ob der drohenden Steinigung (v. 1235 f.) und raten zur Flucht (v. 1255). Ihren Mut haben übrigens auch sie schon bewiesen, als sie, dem strengen Verbot des Königs zuwider, Kreusa ihr Geschick verkündeten (v. 756 ff.): Hat er doch, im Verkehr mit seinen Dienern minder leutselig als seine Gattin, die Mädchen für die Ausplauderung seines Geheimnisses mit dem Tode bedroht (v. 666 f.). Mit derselben Strafe ist ebenso rasch Menelaos in der »Aulischen Iphigenie« bei der Hand: Der treue Alte, welcher Agamemnons Brief nicht auszuliefern gewillt ist, soll dafür gleich mit dem Leben büssen (v. 312 f.); und auch in der »Helena« (v. 1639) sucht der König Theoklymenos den Chor mit dem Hinweis auf »das Sterben« einzuschüchtern. Selbstredend wäre es gründlich verkehrt, in solchen Scenen die Tendenz zu wittern, als wolle auch mit ihnen der Dichter für den Sklavenstand Mitleid erregen; trotzdem gehören sie, objektiv betrachtet, allerdings in das Kapitel von Euripides' Humanität: Sie schildern die Willkür und Rücksichtslosigkeit, welcher der Hörige sogar mit Leib und Leben ausgesetzt ist. Stellen, welcher besagter Absicht wirklich dienen, wie die bereits erwähnten Worte v. 854—856, werden durch solche Vorgänge, ich meine jene Bedrohung mit der Todesstrafe, grell, ja unheimlich beleuchtet: Der Gegensatz zwischen Theorie und Praxis, zwischen der von Euripides geforderten Gleichberechtigung der Menschen und ihrer erheblich verschiedenen Lage und Behandlung, tritt so in ein um so helleres Licht. —

Die Zeit der ersten Aufführung von Euripides' Ion lässt sich nur vermutungsweise ermitteln; wahrscheinlich hat dieses Drama die Bühne zuerst 415 oder 413 betreten[3]), wo unser Dichter schon vier Jahrzehnte als Tragiker wirkte. Wir werden alsbald wahrnehmen, dass er auch im fünften und letzten sich selbst und seinen Grundsätzen getreu verblieb. Zunächst in der **„Elektra"** (Ol. 91, 3 = 413). Zwar scheint hier Euripides zwischen Vornehm und Gering eine Kluft zu befestigen: Elektra legt in ihrer tiefen Erniedrigung als Gattin eines wackern Tagelöhners und Bauern, der aber doch ein freier Mann ist und selbst Sklaven hat (v. 360), auf ihre fürstliche Abkunft hohen Wert (v. 37), und sosehr sie diesen Biedermann schätzt, ja vergöttert (v. 67 f. 253. 382), so bezeichnet sie doch ihre Verehelichung geradezu als *δυσάορον γάμον* (v. 247); sodann lässt sich jener durch die Prinzessin an seiner Seite dermassen imponieren, dass er, in Rücksicht auf ihre verwitweten königlichen Eltern, auf seine Eherechte freiwillig verzichtet (v. 253); Orests treuherziger Hofmeister endlich, doch eigentlich selbst ein Sklave, nennt es, wie wir schon sahen (S. 2), eine Eigentümlichkeit der dienenden Massen, es nur mit den Mächtigen und Glücklichen zu halten (v. 633) — alles Ansichten,

[1]) Vgl. oben S. 11.
[2]) Vgl. v. 1041 ff.
[3]) Wilamowitz, Hermes XVIII S. 242 Anm. 1; Arnoldt, Fleck. Jahrb. Bd. 131 (1885) S. 591 f.

welche den herkömmlichen Urteilen über die Standesgegensätze Rechnung trugen; aber die Anklänge
solcher Vorurteile werden dann wieder übertönt durch höchst liberale Behauptungen: Jenem ersten
Worte, in welchem sich Elektra ihres Herkommens rühmt[1]), folgt gleich auf dem Fusse die Klage:

$$\chi\rho\eta\mu\acute{a}\tau\omega\nu\ \gamma\epsilon\ \mu\grave{\eta}\nu$$
$$\pi\acute{\epsilon}\nu\eta\tau\iota\varsigma,\ \check{\epsilon}\nu\vartheta\epsilon\nu\ \eta\dot{v}\gamma\acute{\epsilon}\nu\epsilon\iota'\ \dot{\alpha}\pi\acute{o}\lambda\lambda\upsilon\tau\alpha\iota\ —,$$

ein Gedanke, der sich im »Aiolos« (fr. 22²) noch weit bestimmter ausgesprochen findet[2]). Wenn aber
wenigstens der Reichtum hier wider Erwarten hoch angeschlagen ist, so wird ihm anderwärts um so
unumwundener der Wert abgesprochen[3]), und wieder an andern Stellen dieses Dramas erscheint der
Adel, ohne dass er mit irdischem Besitze verglichen würde, als trügerisch, ihre Träger als moralisch
bedenklich (v. 550 f.). Wir betonen nochmals: Es finden sich in dieser Tragödie conservative, durchaus
loyale Ansichten neben radikalen; aber, wie bei Euripides meist, überwiegen letztere — Poetus facit
disertum — sowohl an Zahl als auch in der Nachdrücklichkeit der Ausdrucksweise deutlich genug
und lassen im Zusammenhang mit den früheren Sentenzen auch in dem alternden Euripides den
Vertreter und Verkünder eines entschiedenen Liberalismus erkennen.

Es ist überraschend und bezeichnend zugleich, welche Vorliebe Euripides für gestürzte und
gefangene Fürsten oder Fürstenkinder besitzt. Wie in der soeben besprochenen »Elektra«, so ist die
Haupt- und Titelfigur auch in der „Helena" und der »Andromeda«[4]) eine erniedrigte Person
königlichen Geblüts, was — um es zu rekapitulieren — auch in der »Andromache«, den »Herakleiden«,
der »Hekabe«, den »Schutzflehenden«, dem »Alexandros«, den »Troerinnen« und dem »Ion« der
Fall war und, wie wir sehen werden, auch von der Taurischen Iphigenie sowie von Antiope und
ihren Söhnen gilt. Allerdings begründet Helena ihre Unfreiheit, ihre Stellung als Sklavin (v. 275)[5])
unmittelbar darauf (v. 276) mit den Worten:

$$\tau\grave{a}\ \beta\alpha\rho\beta\acute{a}\rho\omega\nu\ \gamma\grave{a}\rho\ \delta o\tilde{v}\lambda\alpha\ \pi\acute{a}\nu\tau\alpha\ \pi\lambda\grave{\eta}\nu\ \dot{\epsilon}\nu\acute{o}\varsigma[6]).$$

Ihre Abhängigkeit offenbart sich aber auch zur Genüge an der ihr drohenden Zwangsehe[7]),
einem Schicksal, das sie ja mit mehreren euripideischen Leidgenossinnen teilen muss (vgl. oben S. 14).
Die Unterthänigkeit des Barbarenlands unter dem Willen »des Einen« (v. 376) ist es also nicht allein, was
sie knechtet. In solcher Lage wünscht Helena den Tod herbei und geht mit sich zu Rate, wie sie
ihn suchen soll; obwohl die eigene Mutter Leda sich erhängt hat (v. 136. 686 f.), gedenkt sie doch
selbst ihrer einstigen Fürstenwürde (v. 299 ff.): Auch unter Sklaven, meint sie, herrscht selbst im An-
gesicht des Todes ein »Anstandsgefühl«, welches den Tod durch den Strang verschmäht. Es
muss uns diese Anschauung zwar ritterlich, immerhin aber recht kaiserlich vorkommen, wenn wir
uns zum Vergleich der zahlreichen Beispiele edler Gesinnung, ja wahrer Heldentugend erinnern, durch
die sich gerade euripideische Sklaven auszeichnen. So übrigens auch hier. Die alte Pförtnerin,

---

[1]) v. 37: λαμπροὶ γὰρ εἰς γένος γε (sc. ἐσμέν).

[2]) τὴν δ' εὐγένειαν πρὸς θεῶν μή μοι λέγε·
ἐν χρήμασιν τόδ' ἐστί, μή γαυροῦ, πάτερ.
κύκλῳ γὰρ ἕρπει τῷ μὲν ἐσθ', ὃ δ' οὐκ ἔχει·
κοινοῖσι δ' αὐτοῖς χρώμεθ'· ᾧ δ' ἂν ἐν δόμοις
χρόνον σύνοικῇ πλεῖστον, οὗτος εὐγενής.

[3]) v. 365 ff. vergl. v. 362 f. 941:
ἡ γὰρ φύσις βέβαιος, οὐ τὰ χρήματα.
Gerade umgekehrt heisst es Phoen. 405:
κακὸν τὸ μὴ ἔχειν· τὸ γένος οὐκ ἔβωσκέ με.

[4]) Beide Dramen aufgeführt Ol. 91,4 = 412, nach schol. Ar. Thesm. 1012. 1060 (trotz Zielinski, Gliederung
der alt. Kom. S. 97 f.).

[5]) Als solche bekennt sie sich auch sonst: v. 300. 1428: vgl. v. 1193.

[6]) Vgl. dagegen Aesch. Pers. 241 f., sowie Schenkl a. a. O. S. 394 ff.

[7]) v. 61 ff. 314. 783 ff. 798. 833.

»welche hinter gräulichen Worten wohlwollende Gesinnung verbirgt«[1]), ist für das Wohl, speciell die Ruhe ihrer Herrschaft ängstlich besorgt (v. 437 ff.) und hat schliesslich auch für den Fremdling ein Herz (v. 456 ff.). Den greisen Boten mussten wir schon rühmen als Muster der Anhänglichkeit an die Herrschaft (S. 3 f.); ein zweiter ἄγγελος hat im Dienste seines Königs, des Theoklymenos, sein Leben in die Schanze geschlagen (v. 1614); der Chor endlich, wie im ›Ion‹ Dienerinnen des Herrscherhauses (v. 1630; über das Genus vgl. oben S. 10 Anm. 1), hält den König mit Erfolg von der Ermordung seiner trügerischen Schwester zurück, selbst aber mit dem Tode bedroht (S. 16), erklärt er heldenmütig seine Opferbereitschaft. Und dieser pathetisch gehaltene Chor — es ist für Euripides' Kunstbildung oder vielmehr für seine Trivialität äusserst gravierend — kommt bei seinem Auftreten — von der Wäsche (v. 179 ff.).

Andromeda ist an den Felsen geschmiedet und hat von dem nahen Ungeheuer einen schrecklichen Tod zu gewärtigen; was Wunder, dass sie dem Perseus für den Preis der Freiheit und Errettung bedingungslos sich anheimgiebt, mag er sie als Dienerin oder als Gattin oder als Sklavin hinwegführen wollen« (fr. 132?)! Hier ist wenigstens noch, wie sich der Autor des Bruchstücks, Herodian, ausdrückt[2]), ›den Hörern unter den Thatsachen oder Bezeichnungen die Wahl überlassen«, während es anderwärts, ganz im biblischen Sinne[2]) und zugleich im Gegensatz zu der unwürdigen Stellung des Weiberknechts (vgl. oben S. 10), von der Gattin ausdrücklich heisst (Oedip. fr. 545[2]:

πᾶσα γὰρ δούλη πέφυκεν ἀνδρὸς ἡ σώφρων γυνή. —

Wieder einmal erklingt in der ›Andromeda‹ eine ›Lobrede auf den Reichtum‹[4]), durch den ›im Ansehen selbst der Sklave den freien, aber mittellosen Mann überbieten könne«[5]), fr. 142,2 f.[4]:

καὶ δοῦλος ὢν γὰρ τίμιος πλουτῶν ἀνήρ,
ἐλεύθερος δὲ χρεῖος ὢν οὐδὲν σθένει.

Aber sie ist Euripides nicht aus eigener innerster Seele gesprochen; wir wissen: Seine persönliche Vorliebe für den Niedriggeborenen erteilt lieber der Armut den Preis oder knüpft wenigstens den Wert irdischer Güter an den damit verbundenen Besitz der ἀρετή[6]).

›Durch goldreichen Kauf kam ich zu der Barbareninsel, auf welcher ich der griechenmordenden Göttin Magd, die Tochter Agamemnons, zu bedienen habe.‹ Dies die Worte der Chorerinnen in der **„Taurischen Iphigenie"**, mit denen sie ihre eigne Lage wehmütig charakterisieren (v. 1111 ff.). Mit Recht legt der Greis in Sophokles' ›König Oidipus‹ (v. 1123) Wert darauf, dass er des Lajos nicht gekaufter, sondern im Hause erzogener Sklave sei; bei Euripides schaudert Polyxena namentlich davor mit Grausen zurück, verhandelt zu werden (Hec. 360); auch Helena fühlt sich durch ihre Schönheit verraten und ›verkauft‹ (Hel. 936); an Dionysos ferner ist jenes schmachvolle Schicksal bald vorübergegangen (Cycl. 12); ja Herakles, welcher in dem Satyrdrama ›Sylens‹ als ἀμαϑὴς τῷ Σειλῷ[7]) und πωλούμενος ϑεράπων[8]) erscheint, entledigt sich mit überlegener Heroenkraft selbst dieser Fesseln[9]; und für Ions Herkunft endlich kommt die gleiche Schmach des Verkaufs zwar gesprächsweise in Frage (Ion 310), in Wahrheit ist sie ihm durch göttliches Walten erspart geblieben. So ist der Fall, dass wir es, wie hier (I. T. 1111), mit wirklich verhandelten, nunmehr unfreien Personen zu thun haben, in der Tragödie vereinzelt und bildet eine neue Seite, eine bisher von uns noch nicht beobachtete Phase des euripideischen Sklavenlebens. Um so geläufiger sind uns die übrigen hierauf bezüglichen Erscheinungen in diesem Drama. Die

[1]) G. Gunther, Grundzüge d. trag. Kunst S. 187.
[2]) Rhet. gr. VIII p. 602 Walz. [2]) Genesis 3, 16; Paul. 1. Cor. 14, 34; Eph. 5, 22. [4]) Ribbeck, R. Tr. S. 174; vgl. zur Erklärung im einzelnen: Wecklein, Sitzungsberichte 1888 S. 93 f. [5]) Bernhardy, Griech. Litt. II 2 S. 383.
[5]) Schenkl u. a. O. S. 395, 491; vgl. oben S. 13.
[7]) Nauck. fr. trag. gr. p. 575[6].
[8]) Zu Syl. fr. 687, ebenda p. 576; vgl. auch fr. 688[9].
[9]) Philo Jud. II p. 464.

Klagen der Mädchen über ihr Sklavenlos und den Verlust der Heimat (v. 130 ff. 1106 ff.) sowie der Wunsch, der Knechtschaft ledig zu werden (v. 447 ff.), ihre Teilnahme an Iphigeniens Leid (v. 179 ff. 439 ff. 1420 f.) und die Anhänglichkeit an sie, die von ihnen noch als Herrin verehrt wird (v. 1075 ff.); andrerseits das Vertrauen der hochgeborenen Priesterin zur Hülfsbereitschaft und Verschwiegenheit ihrer Dienerinnen (v. 1056 ff.). Wie bei Helenas Flucht aus Ägypten (Hel. 1526 ff.), so sind ferner auch hier bei dem Entweichen Iphigeniens die königlichen Sklaven teils helfend teils hindernd beteiligt; jedenfalls bekundet der erregte ἄγγελος, ganz wie dort sein Amtsgenosse (Hel. 1526 ff.), den rührigsten Eifer, der Flüchtigen habhaft zu werden und damit den an seinem Herrn geübten Verrat und Vertrauensbruch zu vereiteln (v. 1409 ff.).

Zwei Tragödien, deren Entstehungszeit nach schol. Ar. Ran. 53 etwa die nämliche ist (c. 411—409), haben äusserlich noch eins mit einander gemein, dass nämlich in ihrer Vorgeschichte Rinderhirten des Kithairon als Lebensretter und Erzieher ausgesetzter Säuglinge erscheinen. Dies gilt zunächst von der „Antiope", einem Drama, das, schon vorher in der Fragmentsammlung durch ungewöhnlich viel Bruchstücke vertreten, seit Mahaffys neusten Veröffentlichungen in der »Hermathena« (Februar 1891) nun auch mit seiner Schlusspartie in ein helleres Licht gerückt ist. Schon den Prolog spricht ein Sklave, der greise Pflegevater der Zwillinge selbst, bei dessen ländlichem Gehöft das ganze reichbewegte Stück sich abspielt. Hier im Gebirge hat er einst Antiopes verlassene Knaben mitleidig aufgenommen. Jetzt, nachdem die Elternlosen zu jugendlichen Hirten, freilich auch zu Vertretern zweier verschiedener Geistesrichtungen herangewachsen sind, wird die Ruhe des Kithairon unterbrochen durch das Erscheinen der Antiope, die, den Fesseln und Misshandlungen seitens der Königin Dirke entronnen, unerkannt bei den eigenen Söhnen um Schutz fleht. Während der »weiche Amphion«[3] durch den Anblick der unglücklichen Frau gerührt ist, weigert der »rauhe Zethos« als philosophisch veranlagter Weiberfeind[4] die Aufnahme, da er jene für eine entlaufene Sklavin hält[5]. Inzwischen hat das Dionysosfest zufällig auch die Dirke mit einem Mainadenschwarm ins Gebirge geführt; sie erkennt die Entflohene und will sie grausam töten lassen; mit der Ausführung ihres Willens beauftragt sie ihre Leibeigenen Zethos und Amphion, die ja als Gehülfen ihres Pflegevaters im Dienste des Herrscherhauses und somit der Königin stehen. Es tritt eine echteuripideische Rührscene ein, deren wenige Bruchstücke allein schon zur Genüge des Dichters warmes Mitgefühl für den Sklavenstand offenbaren. In der Kollision zwischen Pflichtgefühl und Mitleid mit der Hülflosen seufzt Amphion fr. 218[2]:

φεῦ φεῦ, τὸ δοῦλον ὡς ἁπανταχῇ γένος
πρὸς τὴν ἐλάσσω μοῖραν ὥρισεν θεός ,

und zu Antiope gewendet bemerkt er fr. 217[2]:

— τὸ δοῦλον οὐχ ὁρᾷς ὅσον κακόν;

Zethos dagegen ermahnt den Bruder zum Gehorsam fr. 216[2]:

οὐ χρή ποτ' ἄνδρα δοῦλον ὄντ' ἐλευθέρας
γνώμας διώκειν οὐδ' ἐς ἀργίαν βλέπειν[4].

Da erfolgt die Aufklärung durch den alten Hirten: Die Brüder rächen die Schmach der Mutter durch das bekannte Strafgericht an Dirke, das uns ja durch die grösste antike Statuengruppe, den »Farnesischen Stier«, veranschaulicht wird. In der Erbitterung wollen die Brüder auch auf Dirkes Gemahl Lykos ihre Rache ausdehnen[5]. Durch eine freundliche Botschaft lockt man den König ins Gebirge. Gewarnt

---

[1] Vgl. Propert. IV (III) 15, 29. [2] Vergl. Ribbeck, R. Tr. S. 284 f. [3] Hygin. fab. 8: fugitivam existimans.
[4] Von Wecklein in seiner Reconstruction der »Antiope«, die uns jedoch unter seinen äusserst verdienstvollen Abhandlungen am wenigsten gelungen erscheint, weil sie bereits vorhandenes oder gewonnenes Material (Welcker II S. 816 ff.; Ribbeck R. Tr. S. 284 ff.) wieder aufgiebt, wird diese Stelle Euripides' Antigone zugewiesen (Sitzungsberichte 1878 S. 185 f.).
[5] Hier setzen die neuentdeckten Fragmente ein: »Hermathena«, Febr. 1891, S. 40 ff.

3*

vor Antiopes Söhnen, die er jedoch für tot hält[1], langt er endlich in Begleitung einiger δοροφόροι[?] an und gerät in den Hinterhalt der φρουροί, wo ihm der Tod bereitet ist[2]. Vergebens ruft er:

ὢ πρόσπολοί μοι πάντες οὐκ ἀρήξετε;[4]

Schon klagt er:

οἴμοι θανοῦμαι πρὸς δυοῖν ἀσύμμαχος[5].

Da rettet ihn das Erscheinen des Hermes als deus ex machina.

Wie wir sehen, befinden sich gerade die Hauptpersonen im Zustand der Knechtschaft, der sich als besonders furchtbar an der unglücklichen Mutter, an Zethos und Amphion als hülflos, ja lebensgefährlich, an ihrem Pflegevater mindestens als prekär erweist. Parallele Beziehungen zu andern Dramen, so zum »Alexandros« (S. 14 f.), liegen auf der Hand, ebenso leuchtet aber unmittelbar ein, dass der Dichter hier ungleich mehr als anderwärts für die Träger des Sklavenjochs gefühl- und interessevolle Stimmung zu erzielen weiss.

Hirten verdankt auch nach den „**Phoenissen**" ein ausgesetztes Knäblein die Erhaltung seines Lebens (v. 25 ff.), bekanntlich Oedipus, dessen verwickelte Jugendschicksale wie zu den thebanischen Tragödien des Äschylus und Sophokles, so ja auch zu diesem Drama die mythologische Voraussetzung bilden. Es ist das längste des Euripides, bereitet uns aber in der Erwartung reicher und zugleich neuer Ausbeute eine Enttäuschung. Freilich hängt dies mit unserm Plan und Gedankengang zusammen, nach welchem wir bei einem bedeutsamen Gesichtspunkt allemal das einschlägige Beweismaterial vereinigten. Denn in dem Bestreben, eine und dieselbe Anschauung des euripideischen Dichtergeistes durch möglichst zahlreiche Belegstellen zu erhärten, verzichteten wir gern darauf, jedes einzelne Stück auf bereits gewonnene Resultate hin von neuem prüfen. So verweisen wir denn hier nur in der Kürze auf das schon erwähnte zutrauliche Einvernehmen zwischen Antigone und ihrem Hofmeister, das sich bei der Mauerschau bekundet (v. 88 ff. vgl. oben S. 3), auf die Ergriffenheit des mit einer Hiobspost herbeieilenden ἄγγελος (v. 1332 ff; vgl. S. 13), auf das priesterliche Dienstverhältnis der phönicischen Hierodulen (v. 203 ff; vgl. S. 11), auf die weit mühseligere Lage des niederen Sklaven, der ohne Anteil an der παρρησία (vgl. 391 ff; vgl. S. 9) verpflichtet ist σεγασομεῖν τοῖς μὴ σοφοῖς (v. 394), endlich auf den über Sklaven wie Kriegsgefangene verhängten Verlust des Vaterlands (v. 627; vgl. S. 14. 19). Dass sich diese Fascheinungen auch hier wiederholen, dies betonen wir nochmals als vollgiltigen Beweis für das consequente, ja stabile Verharren des Euripides bei seinem von Mitleid getragenen, humanen Urteil über die Sklaverei.

Kein Wunder, dass er letzterem auch während des Restes seiner Dichterlaufbahn treu verblieb. Und doch scheint dies gerade in der nächsten Tragödie, dem „**Orest**" (Ol. 92.4 = 408), vergleichsweise am wenigsten so. Zwar zeigt sich auch hier, wie so häufig anderwärts, ein Unglücksbote bestürzt und mitleidig (v. 852 ff.). Dagegen wird durch abstrakte, übertragene Anwendung des Begriff der Knechtschaft zweimal auffallend verflüchtigt. »Alles, was aus dem Zwange hervorgeht, ist in den Augen der Weisen knechtend (δοῦλον = δουλοποιόν schol.), heisst es v. 488; dann aber v. 715 f.: »Es ist nun einmal für die Weisen notwendig, Sklaven des Schicksals zu sein« — ein Gedanke von der Knechtung der Erdensöhne durch die τύχη, der, wie wir gesehen, bei Euripides schon Hec. 865 und Herc. Fur. 1357 berührt wird und sich dann bei Moschion[4], aber auch sonst in der Tragödie[5] wiederfindet. Weit schwerer wiegt das verächtliche Urteil über den Sklavenstand, das wir früher an der Hand der Schenklschen Ausführungen registrieren mussten (S. 2). Auf Pylades' Ermutigung v. 1105:

Ἑλένην κτάνωμεν, antwortet Orest mit dem Einwand v. 1110:

[1] ebenda S. 10 v. 3: ἀρὴν δεῖ τι κτίσσ... δ' εἰθ' ἐγὼ τεθνηκώς.
[2] ebenda S. 16 v. 9.
[3] daselbst S. 46. v. 15.
[4] Teleph. fr. 2 Nck. p. 812.
[5] Adespot. fr. 374 p. 910.

καὶ πῶς; ἔχει γὰρ βαρβάρους ὀπάονας —,

den jedoch der Freund, nach einigen Zwischenreden, aus dem Felde schlägt mit der geringschätzigen Bemerkung v. 1115:

οὐδὲν τὸ δοῦλον πρὸς τὸ μὴ δοῦλον γένος.

Und in seltsamster Weise finden wir diese Anschauung von dem niedrigen Werte jenes Standes bestätigt an dem phrygischen Diener der Helena (v. 1380), einem feigen, weibischen Eunuchen, der in der Todesangst unter demütiger *προσκύνησις* um sein Leben fleht (v. 1507 ff.); seinem Bedränger Orest redet er eifrigst nach dem Munde, wesshalb jener ihn mit den Worten anlässt v. 1514:

δειλίᾳ γλώσσῃ χαρίζει, τἄνδον οὐχ οὕτω φρονῶν.

Doch sagt er auf Orests Frage, ob er denn als Sklave sich vor dem Hades fürchte, der ihn ja von allen Leiden erlösen werde, immerhin gewiss die reine Wahrheit v. 1523:

πᾶς ἀνήρ, κἂν δοῦλος ᾖ τις, ἥδεται τὸ φῶς ὁρῶν[1].

Sein nichtiges Leben wird ihm denn auch geschenkt. Aber nicht genug! Wenn wir schon die Freilassung in den »Herakleiden« für einen zu reichen Botenlohn halten mussten, da sie dort mehr nur Ausfluss der Freude des Gebers ist, als etwa erprobter Treue des Empfängers zu gute kommt — wie vielmehr erscheint hier ein solcher Gnadenakt als unverdientes Glück bei diesem erbärmlichen Wichte! Das sind allerdings Beobachtungen, die mit Euripides' verständnisvollem Sinn für Menschenwürde, wie sie auch unter den dienenden Massen sich offenbart, nicht ohne weiteres harmonieren. Und doch: Wollen wir Euripides' Poesie gerecht werden, so dürfen wir sie am wenigsten überschätzen oder überall den Massstab des Ideals anlegen. Dieser groteske, ja burleske Bühneneffekt, der wahrscheinlich durch Musik und Ballet noch gesteigert wurde, ist so recht ein Beispiel euripideischer Effekthascherei. Geistreich wie immer bemerkt Mommsen in seiner sonst anfechtbaren Charakteristik des Euripides: »Alle Wirkung liegt bei ihm im Detail, und mit allerdings grosser Kunst ist hierin von allen Seiten alles aufgeboten, um den unersetzlichen Mangel poetischer Totalität zu verdecken«[2]. Zugleich mit der »poetischen Totalität« ist aber hier von Euripides die Einheitlichkeit seiner moralischen Welt- und Lebensanschauung zerstört: An sich ein warmer Fürsprecher von Sklaven wie Barbaren, verschmäht er es hier um der phantastischen Wirkung willen durchaus nicht, eine Bühnenfigur, die doch Sklavenstand und Barbarentum in sich vereinigt, in ihrer sonst so eifrig in Schutz genommenen Menschenwürde tief zu erniedrigen. Dabei ist jedoch wohl eins zu beachten. Ein Kastrat trat etwa gleichzeitig[3] auch in Sophokles' »Troilos« auf, was sich ergibt aus Soph. fr. 562 und 563 Nck.[3][4]. Da sonst von Eunuchen in der damaligen attischen Tragödie nichts zu bemerken ist[5], so darf eine Wechselbeziehung dieser beiden Figuren ohne weiteres als gewiss gelten.

---

[1] Heisst es doch sogar Eur. fr. incert. (987):

τίς δ' ἐστι δοῦλος τοῦ θανεῖν ἄφροντις ὤν;

wonach Todesfurcht gerade dem Sklavencharakter eigentümlich ist. Welcker (II S. 471) zieht dieses Bruchstück zum »Alexandros«, eine Vermutung, die jedoch Ribbeck bei seiner Reconstruction dieses Dramas (R. Tr. S. 81 ff.) wohl mit Recht übergeht.

[2] Röm. Gesch. I[3] S. 568.

[3] Eine Komödie »Troilos« ist bezeugt von Strattis (Kock. Com. I p. 723), nach Meineke (Hist. crit. p. 233) eine Parodie des sophokleischen Dramas. Fällt nun, wie anzunehmen ist (Meineke a. a. O.), Strattis' Blüte um Ol. 92—95, so kann seine Komödie um 404, Sophokles' gleichnamige Tragödie aber kurz vorher angesetzt werden; dies ist aber die Zeit von [oder vielmehr vor] Euripides' »Orest« (aufgeführt Ol. 92, 4 = 408).

[4] Vgl. Welcker I S. 125.

[5] In der älteren tragischen Poesie lässt sich ein solcher Mann zweifelhaften Geschlechts nur nachweisen in Phrynichos' Phönissen«, die nach Bentleys schöner Vermutung (Phalar. p. 292) aufgeführt wurden Ol. 75, 4 = 476. »Hier meldet der Eunuch, wie es in der Hypothesis zu Aeschylus' »Perser« heisst, am Anfang Xerxes' Niederlage, indem er Polster ausbreitet für den Regentschaftsrat.« Nach dem obengenannten Inhalt seiner Rede ist hier eine scurrile Haltung des Kastraten ausgeschlossen.

Die Frage nun, welcher der beiden Tragiker hier den andern nachgeahmt hat, beantworten wir dahin: Euripides nahm, dem blossen theatralischen Effekt zuliebe und im Widerspruch mit seiner sonstigen Darstellung der Menschen, anstandslos eine Neuerung des Sophokles auf. Denn bei letzterem unterlag jene von vornherein keinem sittlichen Bedenken: Sophokles' aristokratische Natur machte sich, wie wir gesehen haben[1]), durchaus kein Gewissen daraus, die Sklaven eben als Sklaven anzusehen und in diesem Sinne auch auf der Bühne ohne viel Sentimentalität mit ihnen zu schalten. Anders Euripides. Sogern er mit rühmlicher Unbefangenheit für die Gleichberechtigung der Erdensöhne eintritt, so unbedenklich verwertet er einen als wirksam und bühnengerecht empfundenen scenischen Erfolg seines grossen Nebenbuhlers und fällt dabei — wer will entscheiden, ob bewusst oder unbewusst? — aus der Rolle.

Denn mit nichten gab etwa Euripides seinen humanen und liberalen Standpunkt damit auf. Schon in der „**Iphigenie in Aulis**" bewegt er sich wieder in dem gewohnten Fahrwasser: Er schildert uns, wovon wir schon Akt nehmen mussten (vgl. oben S. 5), einen philosophisch angelegten (v. 31 ff.) greisen Diener, den Agamemnon ins Familiengeheimnis zieht und mit einer wichtigen Sendung betraut (v. 111 ff., vgl. oben S. 12), der aber dieses Vertrauen vollkommen rechtfertigt und fremden Drohungen gegenüber für seinen Herrn auch zu sterben bereit ist (v. 303 ff.). Dass seine äussere Stellung trotz der engen Verbindung mit der Herrschaft gleichwohl keine glänzende ist, erfahren wir aus seinem eigenen Munde; auf Befragen erklärt er Achill gegenüber unumwunden: Ich bin (v. 858)

$$\delta o \tilde{v} \lambda o \varsigma, \; o \dot{v} \chi \; \dot{\alpha} \beta \varrho \acute{v} v o \mu \alpha \iota \; \tau \tilde{\omega} \delta' \cdot \; \dot{\eta} \; \tau \acute{v} \chi \eta \; \gamma \grave{\alpha} \varrho \; o \dot{v} \varkappa \; \dot{\epsilon} \tilde{\alpha}.$$

In der That ist seine derzeitige Lage besonders prekär: Sieht er sich doch in eine Kollision der Pflichten gestellt. Wie wir soeben betonten, schreckt er nicht davor zurück, seine Treue gegen Agamemnon mit dem Tode zu besiegeln; dennoch geht ihm, wie Schillers Fridolin, über seines Herrn Gebot noch der Gehorsam gegen die Gebieterin. Ihr ist er einst von ihrem Vater geschenkt worden (v. 860); erst unter der Mitgift empfing ihn Agamemnon (v. 869); seine Anhänglichkeit an Klytaemnestra hat er demnach schon von ihrem Vater auf sie übertragen; und wenn der Edelknecht zur Gräfin spricht:

»Doch sag', was kann ich Dir verrichten?
»Denn Dir gehören meine Pflichten« —,

so erklärt der Alte noch weit bestimmter v. 871:

— $\sigma o \grave{\iota} \; \mu \grave{\epsilon} v \; \ddot{\epsilon} \tau \iota \varkappa \tau o v \varsigma \; \epsilon \dot{\iota} \mu \acute{\iota}, \; \sigma o \tilde{\omega} \; \delta' \; \dot{\eta} \sigma \sigma o v \; \pi \acute{o} \sigma \epsilon \iota.$

Daher offenbart er ihr denn des Königs Vorhaben, die beabsichtigte Opferung der Tochter (v. 883), und ist sich bewusst, damit nicht sowohl einen Treubruch zu begehen, als vielmehr im Interesse eines gefährdeten Menschenlebens einen Akt der Notwehr zu üben. Und wenn auch seine Rolle auf die Entwickelung des Dramas einen nachhaltigen Einfluss nicht gewinnt noch Iphigeniens Schicksal abzuwenden im stande ist — zweifellos ist die Figur des Alten in der ganzen Schar euripideischer Sklaven eine der ergreifendsten und psychologisch tiefsten: Seine erprobte Anhänglichkeit an die Herrschaft sichert ihm im Verein mit der kritikvollen, verständigen Beurteilung der Sachlage das sympathische Interesse des Hörers und Lesers. Wie wir aber ihm unser Mitleid zollen, so entbehren auch an andern Stellen desselben Dramas die Begriffe Sklave und Knechtschaft nicht den Beigeschmack der Schmach und Erniedrigung. So klagt Agamemnon, der Hochgestellte müsse »dem Pöbel fröhnen« (v. 450), so fragt Menelaos den gebieterisch ihm entgegentretenden Bruder erbittert: »Ward ich als dein Knecht geboren?« (v. 330)[2]); so verspricht, um Achills Hülfe zu erkaufen, Klytaemnestra ihm unbedingten Gehorsam, v. 1033:

— $\tilde{\alpha} \varrho \chi \epsilon \; \sigma o \grave{\iota} \; \mu \epsilon \; \delta o v \lambda \epsilon \acute{v} \epsilon \iota v \; \chi \varrho \epsilon \acute{\omega} v$ —,

so beteuert endlich Agamemnon der Tochter: »Nicht Menelaos hat mich zu seinem Sklaven gemacht.

[1]) Vgl. vorj. Festprogr. S. 18 ff.
[2]) Vgl. Hec. 397: πᾶς; οὐ γὰρ οἶδα δεσπότας κεκτημένος.

mein Kind, dass ich dich opfern müsste, sondern Hellas verlangt deinen Tod« (v. 1269 ff.). Zugleich finden wir hier wieder ein Zeugnis griechischen Freiheitsstolzes gegenüber barbarischer Knechtschaft: Es ist des Peliden würdig, wenn der Dichter ihm, dem Vertreter des Hellenentums, die Worte in den Mund legt v. 1400 f.:

> βαρβάρων δ' Ἕλληνας ἄρχειν εἰκός, ἀλλ' οὐ βαρβάρους,
> μῆτερ, Ἑλλήνων· τὸ μὲν γὰρ δοῦλον, οἱ δ' ἐλεύθεροι — [1]),

gewiss gegen die eigene Überzeugung, die er als echter Kosmopolit einmal anderwärts in den Versen predigt [2]):

> τὸν ἐσθλὸν ἄνδρα, κἂν ἑκὰς ναίῃ χθονός,
> κἂν μήποτ' ὄσσοις εἰσίδω, κρίνω φίλον.

Auch unser Drama aber belehrt uns darüber zur Genüge, dass der Dichter dem Sklavenstande ein menschlich fühlendes Herz entgegenbringt: Die mühselige, der Redefreiheit beraubte, ja selbst in ihrem Leben bedrohte Lage des Alten wie alle die obengenannten Erwähnungen der Sklaverei im Sinne der Demütigung liefern dafür den Beweis.

Die „**Bakchen**", die bekanntlich der nämlichen, erst nach Euripides' Tode (Ol. 93,3 = 405) aufgeführten Tetralogie angehören wie die »Aulische Iphigenie«, stehen betreffs der Sklavenfrage mit dem letzteren Drama vollkommen im Einklang. Ohne die bereits verwerteten Belegstellen aufs neue erörtern zu wollen, an denen die Art der Sklavenarbeit (v. 226 f., vgl. oben S. 12), die Zurückhaltung der Untergebenen beim Reden (v. 775 f., vgl. S. 4), aber auch ihr Mitgefühl für das Leid der Herrschaft (v. 1024 ff.; 1027! 1032 f., vgl. S. 3) uns deutlich wurde, weisen wir nur hin auf das schmachvolle Schicksal eines Knecht erniedrigten Gefangenen: In den Pferdestall sperrt man den Dionysos und bindet ihn an die Krippe (v. 509 f. 618) — ein Gefängnis des Sklaven, das schon Or. 1449 benutzt wird und daher einem vielleicht noch zur Zeit unseres Dichters üblichen Strafmittel völlig entspricht.

Dürfen wir hieran die Erwähnung anderer Körperstrafen knüpfen, so leitet uns dies zugleich über zu einem kurzen Worte über die Satyrspiele. Vorerst sei noch eins bemerkt. Die leibliche Marter eines Gefangenen führt uns Aeschylus bekanntlich am Prometheus vor Augen. Aus Suidas wissen wir ferner, dass die βασάνους ὀικετῶν auf der Bühne zuerst der ältere Tragiker Neophron von Phlius eingeführt hat, dem ja das Drama auch die Rolle des Pädagogen verdankt [3]). Bei Sophokles werden einmal, wie wir gesehen [4]), zur Folterung eines Sklaven wenigstens Anstalten getroffen. Es ist sicher kein Zufall, dass in Euripides' Dramen nirgends derartige Massregeln ergriffen werden. Gewiss vermied er dies absichtlich. Zum Ruhme sei es ihm nachgesagt, dass er auf die Darstellung von Strafen verzichtete, die den Menschen entwürdigen [5]). In zwei Satyrspielen nun werden vermöge der hier herrschenden Freiheit des Tones ausgesucht schwere Qualen und Arbeiten, mit denen ein geknechtetes Individuum bedacht werden soll, wenigstens erwähnt. Offenbar bezweckt in beiden Stücken die Häufung solcher Leiden eine komische Wirkung: So erlaubt sich im „**Kyklops**" der schurkische Seilen eine Fiktion, wenn er seinem Herrn mitteilt, die Ankömmlinge beabsichtigen, ihn mit einem Halsband zu fesseln, ihm die Eingeweide auszureissen, den Rücken zu gerben, ihn an die Ruderbank zu binden und in den Steinbruch oder die Mühle zu verhandeln (v. 234 ff.). Im »Sylens« aber, wo Herakles die Bande der Knechtschaft abwirft und

---

[1]) Vgl. Teleph. fr. 719?, Andromach. 665.
[2]) Fr. incert. 902? (Nck.³ p. 650).
[3]) Suidas s. Νεόφρων, vgl. oben S. 2.
[4]) Vorj. Festpr. S. 100.
[5]) Rühmt sich doch selbst ein Komiker wie Aristophanes, im »Frieden« (v. 744 ff.), die Züchtigungsscenen und die immerwährend über Schläge »schreienden Sklaven aus der Komödie entfernt zu haben; vgl. Wallon I² S. 397.

aus dem Sklaven »nicht nur ein Freier, sondern sogar der Herr seines Käufers« wird[1], ruft der trotzige Heros höhnisch seinem ohnmächtigen Gebieter zu (fr. 687[2]): »Senge und verbrenne mein Fleisch und sättige dich mit einem Trunk von meinem Blute! Eher werden die Sterne unter die Erde sinken und die Erde in den Äther emporsteigen, bevor dir ein schmeichlerisches Wort von mir begegnen wird! Hier wie dort handelt es sich, wir wiederholen es, um eine blosse Fiktion, um einen gesetzten Fall; an sich könnte dieser gleichwohl, ebensowie schliesslich auch die Schändung Seilens durch den Kyklopen (Cycl. 588 ff.), ein Bild geben von der unbändigen Willkür, welcher der Sklave seitens des Herrn gelegentlich sich ausgesetzt sieht. Und doch ist hier wie dort das Ver- halten des Dieners dem Herrn gegenüber nichts weniger als unterwürtig. Vielmehr ist der Seilen ein Ausbund von Verlogenheit und Schurkerei, Herakles im »Syleus« aber, um mit Schiller zu reden, geradezu »der Sklave, welcher die Kette bricht«, — vor dem er daher »erzittern« muss. Leicht könnte man hieraus den Schluss ziehen, als habe Euripides in jenen neckischen Passen die strengen, ehrbaren Grundsätze, die er in der Tragöde dem Sklaven in den Mund legt, etwa selbst wieder erschüttert, wie man ja bei Euripides vor solchen Zerstörungen des eigenen Werks oder doch der Illusion nie sicher ist. Mit dieser Verallgemeinerung, die sich z. B. Wallon gestattet[2], würden wir jedoch sehr irren. Syleus selbst spricht das schon früher erwähnte ernste Wort fr. 689[2]:

οὐδεὶς δ' ἐς οἴκους δεσπότης ἀμείνονας
αὑτοῦ πρίασθαι βούλεται ---

und betont damit die Notwendigkeit, dass der Herr des Hauses nicht nur so heisse, sondern es auch sei. Im Satyrdrama »Busiris« heisst es ferner fr. 313[2]:

δοῦλος γὰρ οὐχ οἶόν τε τἀληθῆ λέγειν,
εἰ δεσπόταισι μὴ πρέπονται τυγχάνοι —,

womit »besonders die Seite ins Auge gefasst ist, dass die Abhängigkeit ihnen unmöglich mache, wahrhaft zu sein, wenn die Wahrheit mit dem Interesse ihrer Herren nicht übereinstimmt[3] —, gewiss ein Zeugnis für die schwere Beeinträchtigung der persönlichen Freiheit des Sklaven, aber doch auch ein Beweis dafür, dass im allgemeinen das euripideische Satyrspiel nicht der Unbotmässigkeit der dienenden Hausgenossen das Wort redet. Erscheint nun aber in dem letzteren Citat eine solche Moral mit Recht bedenklich, weil einseitig, so werden, meine ich, selbst einer strengen Sittlichkeit durchaus gerecht die schönen Verse aus dem Satyrspiel »Eurystheus« fr. 375[2]:

πιστὸν μὲν οὖν εἶναί σε χρὴ τὸν διάκονον
τοιοῦτον εἶναι καὶ στέγειν τὰ δεσποτῶν.

Denn mögen die Worte im einzelnen gelautet haben, wie sie wollen, in ihnen ist dem Sklaven nicht nur die Pflicht der Verschwiegenheit aus Herz gelegt, sondern auch Treue und Zuverlässigkeit bei ihm vorausgesetzt, ein Vertrauensvotum, das ihn, wie andere euripideische Aussprüche, auf das Niveau menschlicher und sittlicher Würde erhebt.

Wir stehen am Schluss der Betrachtung des Sklaven bei Euripides und überblicken noch einmal den gewonnenen Ertrag. Viele verächtliche, ja vernichtende Urteile, die wir am Anfang auf- führten (S. 1 f.), konnten dem Leser beinahe die Überzeugung aufdrängen, Euripides sei nichts weniger als ein Gönner des Sklavenstands. Wie sie aber bald in weit zahlreicheren gerade ent- gegengesetzten Aussprüchen ihre Widerlegung fanden, so bildeten sie für uns nur die Folie für den beabsichtigten Nachweis, dass Euripides wirklich unbefangene, echt humane, ja moderne Anschauungen in der Sklavenfrage vertritt. Es zeigt sich dies in zwiefacher Hinsicht. Einmal weiss Euripides

[1] Vgl. oben S. 18.
[2] a. a. O. I[2] S. 413 f.
[3] Leop. Schmidt, a. a. O. I S. 205.

indirekt durch die Schilderung all' des Jammers, von welchem der Unfreie heimgesucht ist, für letzteren das Mitleid des Hörers wachzurufen; er zeichnet seine kümmerliche Lage, wie er entweder guten Verhältnissen, ja einem fürstlichen Elternhause entrissen, kriegsgefangen aus der Heimat fortgeführt und in die Fremde verhandelt ist, wo Knechtesdienste und ehelicher Zwang seiner warten; oder aber, wie er, als Sklave geboren, von Haus aus sich zu niederer und schwerer Arbeit verurteilt, nicht allein des Haarschmuckes, sondern, was wesentlicher ist, der παρρησία beraubt, aber auch sonst jeglicher Willkür des Gebieters, namentlich schweren Leibesstrafen, ja der Tötung preisgegeben sieht, wofür Asyle in Tempeln oder sonstige rechtliche Schutzmittel meist nur unvollkommen entschädigen. Direkt hingegen bringt der Dichter am Sklaven Charaktereigenschaften zur Anschauung, die entweder die Vorzüge dieses Standes bilden oder auch den Freien zieren, ja dem Menschen überhaupt zur Ehre gereichen. Die ersteren, also Dienstbotentreue, Anhänglichkeit an die Herrschaft, Anteilnahme an deren Freud' und Leid, ehrerbietige Zurückhaltung im Gespräch über die Gebieter, werden von Euripides besonders häufig und daher offenbar mit Vorliebe gezeichnet. Aber auch Züge, die — wennschon in entsprechend veränderter Form und Fassung — dem Freigeborenen wohl anstehen, wie kameradschaftliches Standesgefühl, Sinn für Standesehre, höhere geistige Bildung, erfreuen sich nicht selten einer rührenden oder doch überraschenden Darstellung. Endlich finden auch allgemein menschliche Vorzüge, als Mitleid, Verschwiegenheit, Pflichtgefühl, Opferbereitschaft, unter den Tugenden des euripideischen Sklaven eine hervorragende Stelle. Während aber Euripides nur in Ausnahmefällen, die noch dazu nicht glücklich motiviert sind, einem Knechte als Belohnung die Freiheit zu teil werden lässt, tritt er uns so nachdrücklicher theoretisch für die Gleichstellung von Sklaven und Freien ein und löst damit das Problem der Sklaverei, das nach ihm ja die besten und schärfsten Köpfe des hellenischen Altertums beschäftigt hat, eher und besser als Platon und Aristoteles, nämlich im Sinne der Humanität. Wir wiederholen: Euripides bleibt, Doctrinär wie er ist, auch in seinen Dramen zumeist bei der Theorie stehen; aber schon sie müssen wir ihm hoch anrechnen: Ist doch Euripides durch sie auf hellenischem Boden einer der ältesten, wenn nicht der allererste Apostel persönlicher Freiheit geworden. Ihm wird daher die vollste Bewunderung niemand versagen, der an allem, was menschlich heisst, herzlichen und verständigen Anteil nimmt.

Was wir aus Euripides' Dramen für unsern Zweck zusammentrugen, durften wir doch nur seine Theorie nennen[1]). Es kann auffallen, dass wir uns bisher mit ihr begnügt haben, während uns doch ausdrückliche Zeugnisse über seine persönlichen Beziehungen zum Sklavenstande vorliegen. Wer freilich weiss, was es mit den antiken Dichter- und Künstlerbiographieen auf sich hat, wird auch an die auf Euripides bezügliche Notizen mit wenig Vertrauen herantreten. Immerhin lohnt es, letztere mit seinen in den Dramen enthaltenen Anschauungen zu confrontieren: vielleicht, dass sie doch mit jenen sich wechselseitig stützen und begründen. Der erste Βίος Εὐριπίδου erzählt uns bekanntlich an zwei Stellen[2]) von einem gewissen Kephisophon, er habe dem Euripides bei der Dichtung der Tragödien, bez. der Komposition der »Melodie« geholfen. Nur das zweite Mal wird er als Sklave bezeichnet und hier uns folgendes Geschichtchen aufgetischt: ἔσκωπτε δὲ τὰς γυναῖκας διὰ τῶν ποιημάτων δι' αἰτίαν τοιάνδε. εἶχεν οἰκογενὲς μειράκιον ὀνόματι Κηφισοφῶντα· πρὸς τοῦτον ἐφώρασε τὴν οἰκείαν γυναῖκα ἀτακτοῦσαν. τὸ μὲν οὖν πρῶτον ἀπέτρεπεν ἁμαρτάνειν· ἐπεὶ δ' οὐκ ἔπειθε, κατέλιπεν αὐτῷ τὴν γυναῖκα, βουλομένου αὐτὴν ἔχειν τοῦ Κηφισοφῶντος. ὅθεν οὖν καὶ ὁ 'Ἀριστοφάρης·

---

[1]) Natürlich nur im Gegensatz zum praktischen Leben, nicht im Sinne eines Systems; vgl. Günther, Grundzüge der trag. Kunst S. 13 f.
[2]) Nauck, Eur. trag. I² p. VII lin. 77 ff.; 90 ff.

4

26

Κηφισοφῶν ἄριστε καὶ μελάντατε (ταλάντατε?),
σὺ δὴ συνέζης ὡς τὰ πολλ᾽ Εὐριπίδῃ
καὶ συνεποίεις, ὥς φασι, τὴν μελῳδίαν¹).

Der am Ende citierte Gewährsmann, Aristophanes, erwähnt, wohlgemerkt, in den angeführten Versen die vorstehende Skandalgeschichte nicht, sondern bezeugt lediglich die poetische oder musikalische Mitarbeiterschaft²); wenigstens würde eine Erklärung von *μελῳδία* in obscönem Sinne doch nur zu einer unsicheren Hypothese führen. Ausserdem gedenkt er noch drei- oder wenigstens zweimal des Burschen in den »Fröschen«, aber nur in dem nämlichen oder doch in recht ähnlichem Sinne. In v. 944 rühmt sich Euripides, er habe die von Kräften gekommene Tragödie wieder aufgefüttert (oder aufzufüttern gesucht, impf. d. con.) durch Monodien unter Beimischung von Kephisophon, offenbar doch auch ein Spott des »Grazienschlingels« auf die Hülfe, die jener Mensch dem Dichter geleistet haben soll. Noch deutlicher würde dessen Unselbständigkeit gebrandmarkt sein in v. 1452, wenn die Echtheit dieses Verses ausser Zweifel stünde. In der starksatirischen Schlussscene endlich, wo Euripides' Poesie »gewogen und zu leicht befunden« wird, ruft Äschylus seinem Widersacher zu (v. 1407 f.):

... ἐς τὸν σταθμὸν
αὐτός, τὰ παιδῖ, ἡ γυνὴ, Κηφισοφῶν,
ἐμβὰς καθήσθω ξυλλαβὼν τὰ βιβλία.

An letzterer Stelle erscheint also Kephisophon unter den nächsten Angehörigen des Dichters, ohne freilich, wie in der Vita, sein Haussklave genannt zu werden. Gerade letzteres wird erst wieder berichtet im schol. zu v. 944 u. 1408, wo er als Helfershelfer beim Dichten wie auch als Verführer der Gattin bezeichnet ist. Schliesslich erwähnt nur den Ehebruch Kephisophons Thomas Magister, nennt ihn aber des Dichters Schauspieler. Um es zu rekapitulieren, betonen wir vor allem, dass Aristophanes ihn einen Hausgenossen und Gehilfen in der poetischen Thätigkeit nennt. Als Sklave und zugleich als Verführer figuriert er dagegen erst in den Scholien und in der Vita, während der byzantinische Grammatiker ihn zwar des erwähnten Vergehens bezichtigt, aber wenigstens die Ehre seines freien Standes rettet. Ob also wohl Kephisophon ein Sklave gewesen? Elmsley hat es verneint um des Namens willen, gewiss nicht auf die unsichere Autorität des mittelalterlichen Mönchs hin, und auch Fritzsche ist jener Ansicht nicht abgeneigt³). Aber auch von dem Namen abgesehen, gestattet jene Frage eine verneinende Antwort. Halten wir uns streng an die älteste Quelle, die ja freilich trüb genug ist, die Komödie, so wird Kephisophon für unsern Zweck ganz gegenstandslos: Er ist eben kein Sklave — wenigstens sagt Aristophanes davon nichts. Lässt man dieses argumentum ex silentio nicht gelten, sondern zählt man ihn nach der späteren Tradition dem Sklavenstande bei, so ist Aristophanes' Darstellung wenigstens an sich noch glaubwürdig: Euripides hat das musikalische Talent eines seiner Haussklaven sich zu nutze gemacht, wie selbst grosse Dichter derartige Stützen nicht verschmäht haben, wie etwa ein Lessing sich im Versbau nicht sicher genug fühlte und daher seinen »Nathan« auf das Metrum hin von Ramler nachprüfen liess⁴). Wir würden dann in dem gelehrten Diener ein leibhaftiges Vorbild der zahlreichen Pädagogen und ähnlicher Figuren des euripideischen Dramas, wenigstens seine Karikatur aber in dem *θεράπων* des Euripides in Aristoph. Ach. 395 ff. zu erkennen haben. Also mit der Vorliebe, welche unser Dichter in seinen Tragödien dem Sklavenstande widmet, würde Aristophanes' Zeugnis von Kephisophons Mitarbeiterschaft recht wohl

¹) Aristoph. fr. inc. 580 (Kock 1 p. 510).
²) Dies der Grund, weshalb wir von *Rös* ausgingen: bei Aristophanes ist Kephisophon weder Ehebrecher noch Sklave.
³) Commentar. ad Ran. p. 313 sq.
⁴) Vgl. Danzel und Guhrauer, G. E. Lessing, 2. Aufl. S. 478 f.

harmonieren[1]). Nicht jedoch die Darstellung des Scholiasten und des Biographen. Euripides ist ein subjektiver, reizbarer Charakter, der mit Neigungen und Abneigungen viel zu ausgiebig wirtschaftet, als dass er trotz der Verführung der eigenen Gattin durch einen Sklaven bis an sein Lebensende so ausschliesslich treue, achtbare Sklaven hätte darstellen sollen. Welcher Dichter überhaupt würde sich nach einer so schmerzlichen Erfahrung gleichwohl zu solcher Unbefangenheit erheben können? Vollends aber Euripides sollte dies vermocht haben, dem beispielsweise üble Erlebnisse in der Ringschule Anlass wurden, diese echthellenische Einrichtung, auf der ein Hauptteil der Volkskraft beruhte, oft und erbittert zu bekämpfen? In dieser Fassung muss man also, was niemand schwer werden wird, die Geschichte von Kephisophon in das Reich der Sage, unter die albernen Märchen der antiken Biographen verweisen, die sich ja, wie Philochorus und Hieronymus von Rhodus, häufig noch skandalsüchtiger zeigen als selbst die Komiker.

Die andre Erzählung, die unsern Dichter in persönliche Verbindung mit dem Sklavenstande bringt, ist eine der verschiedenen Lesarten seines Todes. Der alexandrinische Elegiker Hermesianax gedenkt in dem unzulänglichen Bruchstück seines Gedichtcyclus »Leontion«[2]) eines Abenteuers, das den grossen Tragiker das Leben kostete. Es heisst da:

> ἀλλὰ Μακηδονικῆς ᾖσας κατενάσατο λαύρας
> Ἀργαίας[3]), μίθεπεν δ' Ἀρχέλεω ταμίην.
> εἰσόκε τοι δαίμων, Εὐριπίδη, εὗρ᾽ ὄλεθρον
> Ἀμφιβίου στεργῶν ἀντιάσαντι κυνῶν.

Eine Schaffnerin des Königs soll also unser Dichter mit seiner Liebe verfolgt haben, aber dabei das Opfer der Hunde des Amphibios (vielleicht eines Rivalen?) geworden sein. Von der Glaubwürdigkeit der Erzählung dürfen wir schweigen; über Euripides' Tod durch Hunde hat ja Lehrs geistvoll gehandelt[4]). Was auch Wahres an Hermesianax' Anekdote sein mag, sie würde gewiss beweisen, dass der Dichter in seinen zarteren Neigungen nicht eben wählerisch gewesen wäre[5]), wenn er, obwohl Gast des Königs und, was schwerer wiegt, schon ein Greis, dennoch einer bediensteten Person seine Liebe zugewandt hätte. Die an seinen Dramen gerühmte Unbefangenheit und Objektivität bei der Beurteilung der Sklaven fände sich hier auf minder erbauliche Weise übersetzt in die Praxis des Lebens und würde demgemäss unsere frühere Beweisführung vollauf bestätigen.

---

[1]) Es bedarf kaum der Erwähnung, dass trotz der innern Möglichkeit die Erzählung verdächtig genug ist, namentlich deswegen, weil ausser Kephisophon noch eine ganze Reihe andrer Gehilfen des Euripides genannt wird, so an der Spitze Sokrates (Vit. I lin. 12 ff.; nach dem Komiker Telekleides; Diog. Laert. 2, 18; nach Kallias und Aristophanes, ferner Euripides' Schwiegervater Mnesilochos (Vit. l s. a. O.; an der vorerwähnten Stelle des Diog. Laert. wird er offenbar unter den citierten Komikern mit Telekleides verwechselt); weiterhin Iophon (vielleicht Verwechselung mit dem genannten Kephisophon), endlich Timokrates (Vit. l s. a. O., nach Bergk Verwechselung mit dem Verfasser einer Andromaches: schol. Eur. Andr. 445). Auch Antiphanes spielt auf einen Mitarbeiter unsers Dichters an (Athen. IV p. 134 B).

[2]) Athen. XIII p. 598 D.

[3]) So ist wohl zu lesen; Ἀργαία (neben Αἰγαί und Αἰγή) erscheint als Name der makedonischen Residenz auch Ptolem. III 13, 39.

[4]) Wahrh. u. Dichtg. in d. griech. Litteraturgesch., Popul. Aufs. 2. Aufl. S. 395.

[5]) Damit würde nur übereinstimmen Athen. XIII p. 557 E.; vergl. Wallon I⁴ S. 440.

IV.

Wir haben in dem vorigen Abschnitt den Nachweis zu erbringen versucht, dass Euripides während der ganzen Dauer seines dichterischen Schaffens unentwegt, direkt oder indirekt, gelegentlich zwar, aber doch auch grundsätzlich, dem Sklavenstande das Wort geredet, und könnten daher unsere Betrachtung schliessen. Und doch erheischen nicht etwa nur äussere Gründe eine Fortführung wenigstens bis zu dem Punkte, wo das auf die Sklavenfrage bezügliche Beweismaterial der griechischen Tragödie für uns zu Ende ist; denn erst an den Folgen und Wirkungen des Einflusses, den Euripides mit seinen humanen Tendenzen auf die Berufsgenossen und Nebenbuhler geübt, können wir jenen selbst erkennen, erst an dem Widerhall, den im Theater der »Bühnenphilosoph« mit seinem Liberalismus fand, auf dessen Bedeutung schliessen, erst an den Früchten, die aus dem von Euripides ausgestreuten Samen in der Tragödie entsprossen, den Wert seiner Humanität bemessen. Erwarten wir in dieser Hinsicht von einer Theorie nicht zuviel! Immerhin sind auch auf dem von uns soeben abgegrenzten Litteratur-gebiete deutliche Spuren euripideischen Geistes zu bemerken.

So schon in dem herrenlosen „**Rhesos**". Dem Sklavenstande gehört hier zunächt der Chor der φύλακες an, welcher das Stück eröffnet: Es sind Waffenträger Hektors, der sie wegen ihrer zu vagen Meldungen alsbald ernstlich zur Rede stellt (v. 34 ff.) und ihnen Furchtsamkeit vorwirft, wogegen sich ihre Entschuldigung selbst bis zu einem leisen Tadel erhebt (v. 76). Den Auszug Dolons, der ihnen wegen seiner vornehmen Herkunft (v. 159 f.) im Gegensatz zum eigenen Stande als δεσπότης gilt (v. 239), begleiten sie mit der wärmsten Teilnahme und einem inbrünstigen Gebet um Apolls Beistand (v. 224 ff.). In den Gang der Rede und Gegenrede tritt der Chor erst wieder ein, als Hektor den angekündigten Thrakerkönig wegen seines verspäteten Erscheinens unwillig abzuweisen gedenkt. Hier bewegt des χορηγός Warnung v. 334:

ἄναξ, ἀπωθεῖν συμμάχους ἐπίφθονον

im Verein mit dem mehr praktischen Rate des ἄγγελος (v. 335) den plötzlich umgestimmten Hektor, sich den neuen Bundesgenossen gern gefallen zu lassen (v. 339 ff.), den der Chor in einem schwung-vollen Hymnus als mächtigen Helfer willkommen heisst (v. 346 ff. 367 ff. 381 ff.; vgl. auch v. 455 ff.). Ist demnach schon jener Zuspruch des Chorführers auf Hektors Verhalten eingestandenermassen (v. 339) nicht ohne Einfluss, so betheiligen sich die Choreuten nunmehr sogar an der Handlung des Stücks. Auf Hektors Befehl, dem Dolon entgegenzueilen, der nun zurückkommen müsse (v. 523 ff.), trennen sie sich in zwei Halbchöre und gehen auf die Suche aus. Erst nach Rhesos' Fall kehrt die eine Hälfte in die Orchestra zurück, setzt sich hier zwar gegen die nächtlichen Räuber tapfer zur Wehr (v. 674 ff.), wird aber von Odysseus schlau überlistet, was den biedern »Waffenträgern« spät erst zum erschütternden Bewusstsein kommt. Ihre Befürchtung v. 723:

Ἕκτωρ (γὰρ) ἡμῖν τοῖς φύλαξι μέμψεται

bestätigt sich vollkommen; nachdem sie bereits durch Rhesos' schwerverwundeten Wagenlenker über den Verlauf des feindlichen Überfalls aufgeklärt sind, werden sie für dessen Gelingen von Hektor unter zornigen Drohungen zur Verantwortung gezogen. Mit Unrecht. Ist auch die Annahme des sterbenden Kutschers, sein Herr sei von niemand anderem als von Hektor umgebracht worden, nur eine Ausgeburt seiner hochgradigen Fieberphantasien, darin hat er recht, dass er die armen φύλακες in Schutz nimmt (v. 833), deren Unschuld sich endlich auch aus den Klagen und Verwünschungen der trauernden Muse ergiebt (v. 906 ff.). Wir sehen: Das Verhältnis der Leute zu ihrem Herrn ist durchaus kein erfreuliches; nur liegt die Schuld ausschliesslich an letzterem. Mit dem homerischen Hektor hat er eben nur den Namen gemein. Dem Chor dagegen lässt sich nichts vorwerfen, insbesondere sind Hektors Beschuldigungen durchweg aus der Luft gegriffen; seine Haltung bleibt, selbst bei der Abwehr unbegründeten Tadels, immer respektvoll (v. 76. 827 ff.; vgl. auch v. 993), und einmal kann sich, wie wir gesehen, selbst Hektor der Richtigkeit seiner Warnung nicht verschliessen (v. 334 f.). Gleich brutal wie gegen die φρουροί verhält er sich gegen den ἄγγελος. Dass er, der schlichte Hirt und Bauer (v. 266. 271), ein Sklave ist, ergiebt sich gleich aus dem ersten Verse seiner Rede, in welchem er ›der Herrschaft‹ gedenkt (v. 264); zugleich bekunden die Worte eine gewisse, wenn auch farblos gehaltene Teilnahme an dem Inhalt seiner Meldung; noch treuherziger klingen die nächsten Verse, in denen er Hektors groben Vorwurf der σκαιότης (v. 266) mit gutmütiger Ironie bestätigt (v. 271). Seine Botenerzählung selbst ist weder für ihn noch für seinen Stand charakteristisch; dass er mit der Versicherung, der von ihm angekündigte Bundesgenosse werde für die Feinde schon bei seinem Erscheinen ein Schrecken sein, schliesslich Hektors Billigung findet, mussten wir bereits bemerken; in letztere darf er sich ja übrigens mit dem Chore teilen (v. 339). Den Wagenlenker des Rhesos hält Sittl nicht für einen Sklaven, sondern stellt ihn auf eine Stufe mit dem Knappen in Euripides' ›Phaethon‹ und dem ›Mann von Kolonos‹ bei Sophokles[1]). Eher würden wir ihn dann mit den Herolden der Tragödie vergleichen und an die homerischen Wagenlenker erinnern, deren vornehme, ja fürstliche Herkunft in demselben Zusammenhange früher erwähnt werden musste[2]). Dennoch erscheint es bedenklich, dieses Verhältnis auch auf Barbaren zu übertragen; zudem redet er ausdrücklich von der ›Hinschlachtung seines Herrn‹ (v. 790) und beklagt noch sterbend, seiner beraubt zu sein (v. 871). Wenn demnach die Choreuten wie der Bote durch ihr pflichttreues, unterwürfiges und doch aufrichtiges Verhalten selbst einem rauhen Gebieter gegenüber Züge des euripideischen Sklaven an den Tag legen, so kann die Anhänglichkeit des Kutschers an seinen Herrn auch seinerseits die Verwandtschaft der Dienerrollen dieses Dramas mit denen bei Euripides nur erhärten.

Weit wichtiger und interessanter ist es natürlich, ähnliche Erscheinungen bei **Sophokles** zu beobachten. Eine solche ist aber unstreitig der Pädagog in der „**Elektra**“. Auf den allerdings wohl einzigen Fall, dass er, und zwar im Dialog mit einem Freigeborenen, seinem eigenen Herrn, das Drama eröffnet, möchten wir zwar keinen hohen Wert legen: Es erklärt sich dies ja aus seiner Aufgabe als Wegweiser. Um so bedeutsamer ist seine Charakteristik. Ist er doch nichts geringeres als der altbewährte, vertraute Berater Orests, der Dritte im Bunde des Freundespaares. Aus der Heimat, in welche er jetzt seinen Pflegling als Erwachsenen zurückführt — väterlich redet er ihn noch τέκνον an (v. 79) —, hat er bei Agamemnons Ermordung das Knäblein mit Hülfe Elektrens gerettet und so dem Tode entrissen, dann aber erzogen zu einem Rächer des Vaters (v. 9 ff.). Jetzt ist die Zeit für das Strafgericht gekommen, zu dessen Ausführung er daher seine Begleiter ermutigt (v. 20 ff.). Zu den Dienern rechnet ihn Orest zwar ausdrücklich (v. 24), aber das Zeugnis, das er ihm ausstellt, sucht in der Tragödie seinesgleichen! Das Lob:

οὗ φίλτατ' ἀνδρῶν προσπόλων — —
— — ἐσθλὸς εἰς ἡμᾶς γεγώς,

der schöne Vergleich des begabten Dieners mit einem alten edlen Rosse, das auch in der Gefahr den Mut nicht verliert (v. 25 f.), die Aufforderung Orests, der Greis solle an dem Plane abändern, was ihm etwa nicht das richtige zu treffen scheine (v. 31), sind Vertrauensbeweise, wie sich deren auf einmal selbst euripideische Sklaven nicht zu erfreuen haben. Bei einem solchen Verhältnis ist es kein Wunder, dass er seine Interessen mit denen seines jungen Gebieters durchaus identificiert.

---

[1]) Gesch. d. griech. Litt. bis auf Alex. d. Gr. III S. 165.
[2]) Vorjähr. Festprogr. S. 94 Anm. 2.

Nach antiken Begriffen dürfen wir ohnehin, zumal bei der Gefahr, in welcher sich die Ankömmlinge befinden, mit nichten erwarten, dass er, selbst als Greis, geläutertere sittliche Anschauungen vertritt und seine jungen Freunde etwa von dem grausigen Verbrechen zurückzuhalten sucht. Wie diese, ist er von der Notwendigkeit und Verpflichtung zur Rache völlig durchdrungen. Der Dichter würde seine religiös-ethischen Anschauungen von dieser Pflicht geradezu verleugnen, stellte er in dem nächsten und ältsten Freunde Orests diesem etwa einen hochmoralischen, hofmeisterlichen Warner entgegen. So wird er denn vielmehr ein williges und unentbehrliches Werkzeug zum Muttermord, den er im Auftrage Orests durch die meineidlich beschworene (v. 47) Meldung vom Tode desselben (v. 673, 676, 680 ff.)[1] überhaupt erst ermöglicht (v. 709 vergl. mit v. 39). Man darf behaupten: Sophokles ging mit dieser Figur über seine euripideischen Vorbilder noch hinaus: In der Ausstattung mit reichem persönlichen Gehalt und tiefer Empfindung, namentlich aber in der hohen menschlichen Würdigung, die dieser greise Pfleger geniesst, ist er den Standesgenossen bei Euripides überlegen. Wenn nun aber Sophokles hierin auch mehr that als sein jüngerer Nebenbuhler, so ist damit nicht etwa widerlegt, dass ersterer diesen sich zum Muster genommen haben könnte. Davon überzeugt uns vielmehr ein Vergleich dieses Pädagogen mit den früher besprochenen sophokleischen Dienerrollen. Sämtlich waren dies prächtige, lebensvolle Gestalten, aber sie entbehrten noch fast gänzlich der edleren Gesinnung wie der verdienten Wertschätzung: Selbst der alte Diener im »König Ödipus« hat zwar der Herrschaft seine Treue durch wichtige Verdienste von jeher bethätigt, aber dafür nur wenig Achtung und Anerkennung als Lohn geerntet[2]. Von der »wahrhaft verehrungswürdigen Art«, wie Euripides in seinen Tragödien sich der Sklaven annimmt[3], ist dort noch nichts zu bemerken: Bei Sophokles erscheint sie vielmehr hier zuerst. Einen chronologischen Einwand fürchten wir gegen diese Behauptung nicht. Selbst wenn wir, wie es wohl überhaupt geschehen ist, v. Wilamowitz' scharfsinnige Hypothese von der Priorität der euripideischen »Elektra« vor der sophokleischen[4] aufgeben und für die Aufführungszeit der letzteren einen Spielraum zwischen den Jahren 440 und 412 verstatten[5], ist eine Einwirkung euripideischer Sklavencharaktere auf unsere Pädagogen durchaus denkbar und gewinnt nur an Wahrscheinlichkeit, sobald wir die Entstehung der sophokleischen »Elektra« etwa in die Zeit von Aristophanes' »Rittern«, »Wolken« und »Wespen« fixieren[6]: Denn nämlich würden ihr volle drei Jahrzehnte von Euripides' poetischer Thätigkeit vorausliegen; und so mögen denn Sophokles die warm und herzlich gehaltenen Sklavenrollen der »Alkestis«, die treuen Pädagogen in der »Medea« und im »Hippolyt«, die teilnehmenden Diener in der »Andromache« und den »Herakleiden« zu einem Vorbild geworden sein, das er freilich mit seiner höheren Kunst hier noch überbot. Ob ihm letzteres auch bei der Zeichnung der Pädagogen in der »Kreusa«[7] sowie in der »Niobe«[8] gelungen ist, muss zwar in Ermangelung eines bestimmten Anhalts dahingestellt bleiben; indes berechtigen für das zweite Drama die bildlichen Darstellungen des um seine Pfleglinge bedrohten Greises, also einmal die Sarkophagreliefs, namentlich aber die Statue der berühmten Niobegruppe in den Uffizien zu Florenz[8], gewiss hinreichend zu dem Rückschluss, dass schon in Sophokles' Tragödie der Pädagog als hülfsbereiter, opferwilliger Hüter seiner Schutzbefohlenen vorgeführt war.

---

[1] Schon an sich ist dieser Botenbericht eine wahre Perle der Poesie!
[2] Vgl. vorjähr. Festprogr. S. 100.
[3] Oncken, Athen und Hellas II S. 105.
[4] Hermes XVIII S. 214 ff.
[5] Christ, Gesch. d. griech. Litt., 2. Aufl. S. 206.
[6] ebenda Anm. 7.
[7] Welcker I S. 393.
[8] ebenda S. 280.
[8] Vgl. Baumeister, Denkmäler des klass. Altertums II S. 1029 f. III S. 1676.

Befand sich nun Sophokles einmal in dieser freisinnigen, humanen Gedankensphäre, so ist es kein Wunder, dass er auch andere, dem Sklavenstande noch günstigere Aussprüche that, die übrigens gar nicht allemal des Dichters eigne Überzeugung auszudrücken brauchten, sondern vielleicht nur dem von Euripides beeinflussten Geschmack und Zeitgeist Rechnung trugen. In der That würde auf einen Mann wie jenen Pädagogen ganz gut passen fr. inc. 854[2]:

  εἰ σῶμα δοῦλον, ἀλλ' ὁ νοῦς ἐλεύθερος,

ein Vers, der sich schon bei Stobaios (Florileg. 62) vereinigt findet mit den früher erwähnten wichtigen Euripidesstellen gleicher Tendenz[1]). Ferner wird in echteuripideischer Weise »die Gleichheit aller Sterblichen von Geburt an betont«[2]) im »Tereus« fr. 532[2]:

  ἓν φῦλον ἀνθρώπων μί' ἔδειξε πατρὸς καὶ μητρὸς ἡμᾶς
  ἁμέρα τοὺς πάντας· οὐδεὶς ἔξοχος ἄλλος ἔβλαστεν ἄλλου.
  βόσκει δὲ τοὺς μὲν μοῖρα δυσαμερίας, τοὺς δ' ὄλβος ἡμῶν,
  τοὺς δὲ δουλείας ζυγὸν ἔσχεν ἀνάγκας.

Ja auch aus den sehr corrupten Versen der »Tyro« fr. 606[2] lässt sich, namentlich wenn man die Fabel des Stücks mit Euripides' »Antiope« vergleicht, noch soviel schliessen, dass hier die Herkunft des Menschen für seinen Charakter als irrelevant bezeichnet ist. Im Gegensatz endlich zum äussern Besitz findet der innere Wert seine gerechte Würdigung in dem schönen Verse, mit welchem Stobaios seine »Anthologie« eröffnet, »Eriphyle« fr. 195[2]:

  ἀρετῆς βέβαιαι δ' εἰσὶν αἱ κτήσεις μόνης,

sowie nicht minder fr. inc. 752[2]:

  οὐδὲν κακίον πτωχὸς, εἰ καλῶς φρονεῖ.

Allerdings darf andrerseits nicht verschwiegen werden, dass solche freimütige Worte bei Sophokles sich in der Minderzahl und Vereinzelung befinden gegenüber Sentenzen, die einen gewissen aristokratischen Stolz des Dichters, ja Missachtung gegen Niedriggeborene verraten, damit aber zwischen Sklaven und Freien eine Kluft befestigen. Gerade die Fragmente bieten dafür mehrere Belege. Während es z. B. in der bereits citierten »Eriphyle« fr. 193[2] als eine Lebensbedingung für den Staat bezeichnet wird τάφοισ' ἐλευθέρως λέγειν, während es in den »Aleaden« fr. 76[2] heisst:

  κακὸν τὸ κεύθειν κοὐ πρὸς ἀνδρὸς εὐγενοῦς,

wird dem gefangenen Sklaven die Aufrichtigkeit ohne weiteres abgesprochen im »Akrisios« fr. 60[2]:

  — ἐν διαπρέπει δρακτῆς ἀνὴρ
  κοῦλον λωβασθεὶς πᾶν πρὸς ἡδονὴν λέγει.

In den »Hirten« ferner werden offenbar Vertreter dieses Standes sich mit Resignation bewusst, dass sie, obwohl Gebieter der Herden, dennoch deren Sklaven sind« (fr. 464[2]). Und bis in die römische Geschichte hinüber klingt der ofterwähnte republikanische Kernspruch, dessen sich noch Pompeius in der Todesstunde erinnerte, fr. inc. 789[2]:

  ὅστις γὰρ ὡς τύραννον ἐμπορεύεται,
  κείνου 'στὶ δοῦλος, κἂν ἐλεύθερος μόλῃ.

Besonders scheinen die soeben citierten »Aleaden«, wie es die Fabel des Stücks ja mit sich brachte[2]), den Gegensatz zwischen hoch und niedrig erörtert zu haben, und zwar bekundet sich in fr. 81 und 82[2] eine den ἄγευστις abholde, ja feindselige Stimmung. Gewiss entsprechen solche Verse vollkommen der aristokratischen Gesinnung, welcher Sophokles als vornehmer athenischer Vollbürger[1]) von Haus

---

[1]) Vgl. auch Leop. Schmidt, a. a. O. I S. 296.
[2]) Ribbeck, R. Tr. S. 584.
[3]) Welcker I S. 448 ff.
[4]) Lessing, Leben des Sophokles C. und O.

aus huldigte; haben wir doch früher darzulegen versucht, wie er in seinen älteren Tragödien jene Denkungsart gerade bei der Zeichnung der Sklavencharaktere bethätigt [1]). So mögen denn die Dramen, denen die zuletzt aufgezählten Bruchstücke angehören, seiner älteren, der Gesinnung nach strengeren Schaffensperiode entstammen, die liberalen Aussprüche aber vielleicht der von Euripides beeinflussten späteren. Das mag im allgemeinen wohl gelten; überall liegen indes die Dinge so einfach nicht. Gerade die vorgenannten »Aleaden« enthielten neben den stolzen Äusserungen in fr. 81 und 82[2] auch Zeugnisse freisinniger Richtung, wie wenn es in Bezug auf die auch von Euripides in Schutz genommenen νόθοι[2]) heisst fr. 84[2]:

ἅπαν τὸ χρηστὸν γνησίαν ἔχει φύσιν,

oder ein andermal (fr. 85[2]) ganz im Sinne und Stile des Euripides (vgl. oben S. 12 f.) der Unwert und die verderbliche Wirkung des Reichtums gebrandmarkt wird. Also schon wegen dieser letzteren Stellen dürfen wir für das Stück innerhin eine jüngere Entstehungszeit annehmen und die sachlich entgegenstehenden Sentenzen (fr. 81 und 82[2]) — etwa nach Art der einander widersprechenden Fragmente von Euripides' »Alexandros« — als Teile und Reste eines hin und herschwankenden Gedankenaustausches betrachten.

Selbst wenn die undatierten „Trachinierinnen" nicht schon vom Prolog an in ihrer Technik euripideischen Einfluss verrieten, ja auch gewisse innere Beziehungen enthielten zu dem »Rasenden Herakles«[3]), so würde es hier namentlich des Dichters Standpunkt in der Sklavenfrage wahrscheinlich machen, dass dieses Drama sozusagen seiner »euripideischen« Periode angehört. Denn Tritagonisten des Stücks lag es ob, die Rolle der Amme, des Alten und des Boten zu vertreten: Alle drei sind derb volkstümlich gehalten und setzen Sophokles' Neigung und Meisterschaft, gerade Leute aus dem Volke darzustellen, aufs neue ins Licht. Dass gleichwohl alle drei Personen dem Sklavenstande angehören, lässt sich nicht beweisen. Der greise ἄγγελος nämlich ist kein Sklave. Allerdings redet er die Deianeira δέσποινα an (v. 180. 370), aber nicht als seine Herrin, sondern lediglich als vornehme Frau im Sinne dienstfertiger, auf Lohn rechnender Höflichkeit (v. 190 f.), die sich mit seiner rohen, schonungslosen Offenheit (v. 180 ff. 335 ff.) recht wohl verträgt; übrigens begnügt er sich wiederholt (v. 193. 366) mit der einfacheren Anrede: γύναι. Wichtiger für die Bestimmung seines Standes sind seine Beziehungen zu Lichas, der zwar zu Herakles und Deianeira in einem Dienstverhältnis steht (v. 407. 409)[4]), aber dennoch, wie wir früher betonen mussten[5]), als κῆρυξ ein freier Mann ist. Ihm gegenüber schlägt nun der Bote einen Ton an, der wegen seiner herausfordernden, ja drohenden Unverfrorenheit (v. 397 ff., bes. 404 ff. ganz ähnliche Worte richtet Ödipus an den alten Diener: O. R. 1121) bei einem Sklaven undenkbar ist, wenigstens einem solchen nicht für voll ausgehen würde, während ihm doch Lichas kein Haar krümmt. So einflussreich daher auch diese Intrigantenrolle auf die Schürzung des Knotens sein mag, für uns hier verliert sie ganz ihre Bedeutung und Wesenheit. Um so mehr beanspruchen unser Interesse die beiden eigentlichen Dienerrollen. Auf die lange, monologartige Eingangsrede Deianeiras antwortet ihr die alte Amme mit warmer Teilnahme an ihrem Schmerz und giebt ihr einen recht guten Rat, den sie jedoch, ganz nach Art euripideischer Sklaven, mit Vorsicht und Zurückhaltung verklausuliert, v. 52 f.:

[1]) Vorj. Festprogr. S. 18 ff.
[2]) Eur. Antig. fr. 1084. Androm. 638.
[3]) Vgl. Wilamowitz, Euripides' Herakles I S. 343. 383.
[4]) Für πρόπολος (v. 187) hat allerdings schon G. Hermann πρὸς πολλοῖς geschrieben.
[5]) Vorjahr. Festpr. S. 94 Anm. 2.

εἰ δίκαιον τοὺς ἐλευθέρους φρενοῦν
γνώμαισι δούλαις κἀμὲ χρὴ φράσαι τὰ σά[1]).

Ihre Mahnung findet alsbald bei Hyllos' Erscheinen volle Bestätigung, die auch von Deianeira mit Lob anerkannt wird in den bezeichnenden Worten v. 61 ff.:

— κἀξ ἀγεννήτων ἄρα
μῦθοι καλῶς πίπτουσιν. ἥδε γὰρ γυνή
δούλη μέν, εἴρηκεν δ᾽ ἐλεύθερον λόγον —,

nicht ohne Verwunderung also hebt sie das Eintreffen der Worte einer Sklavin ausdrücklich hervor. Erst später betritt die Amme mit gerunzelter Stirne (v. 869) die Bühne wieder und meldet tiefergriffen den Tod ihrer Herrin, deren Verhältnis auch zu dem übrigen Gesinde diesem Bericht zufolge das freundlichste ist und treffend verglichen wird mit dem Abschied der treuen Diener von der sterbenden Alkestis[2]). Um die Ähnlichkeit mit der euripideischen Tragödie noch zu erhöhen, knüpft die Amme an den Hingang der Gebieterin moralische Betrachtungen, sodass wir also die früher erwähnte Kammerdienerphilosophie (S. 4 f.) nun noch in einer sophokleischen Zofe vertreten finden. Gewiss nicht in dieser allein. Denn wenn auch die Amme in Sophokles' »Niobe« durch ihre Worte[3]) mehr an die Kinderwärterin in Äschylus' »Choephoren« erinnert, so sind doch vertraute Duennen mit Welcker notwendig anzunehmen für die »Lemnierinnen«[4]), den »Tereus«[5]) und die »Phaidra«[6]), und auch sie werden es an spintisierenden Raisonnements wahrscheinlich nicht haben fehlen lassen. — Nur skizziert ist in den »Trachinierinnen« der greise Begleiter des todkranken Herakles, zur Teilnahme für seinen Herrn das männliche Gegenstück jener Amme: Die drei kurzen kommatischen Partien, welche ihm zukommen (v. 994 ff.), beschränken sich auf die zweimalige Mahnung an Hyllos, den schlafenden Vater nicht durch Klagen zu wecken, sowie später, mitzuzugreifen und ihn forttragen zu helfen. Erscheint das Schicksal der beiden bejahrten Dienstboten vermöge ihrer Stellung als Leibgenossen ihrer Herrschaft ganz erträglich, so tritt uns die Nachtseite des Sklavenloses entgegen an den kriegsgefangenen Weibern aus der Beute von Oichalia. Wie ihre Heimat »gekrönet« ist (v. 283), so haben sie selbst, die Abkömmlinge reicher Eltern *(ἐξ ὀλβίων)*, sein nicht beneidenswertes Leben gefunden« (v. 284); doch wird ihnen als Trost von der für fremdes Unglück empfänglichen neuen Gebieterin ein zartes, gefühlvolles Mitleid zuteil, das ihnen die mildeste, schonendste Behandlung für die künftige ungewohnte Zwangslage verbürgt. Die Ähnlichkeit derselben mit dem Jammer so mancher euripideischen Königstochter, welche mit dem Fall ihrer Vaterstadt die Freiheit eingebüsst hat, beuchtet ein: Jeder der beiden Dichter hat aber in bezeichnender Weise das Pathos zu steigern gesucht. Euripides lässt die gefangenen Fürsten und Fürstenkinder meist eine demütigende, ja grausame Behandlung erfahren und ihren Kummer in lauten Klagen und Wehrufen ausbauchen; viel feinsinniger Sophokles, bei welchem ja der tiefe Seelenschmerz der Lole durch Deianeiras Güte gemildert wird; vorhanden ist er freilich, bekundet sich aber in dauerndem Schweigen, womit das anfängliche Verstummen der äschyleischen Kassandra noch überboten ist. — Herakles als Sklave eines Weibes — welch' ein ergreifendes Motiv der griechischen Mythologie![7]) In unserem Drama wird der Knechtung des

---

[1]) Mit Recht verweisen die Commentare auf Plaut. Epid. II 2,74.
[2]) Eur. Alc. 192 ff.
[3]) Fr. adesp. 77, schon von Valckenaer der sophokleischen »Niobe« zugewiesen; vgl. auch Welcker I S. 291.
[4]) Griech. Trag. I S. 327.
[5]) ebenda S. 378.
[6]) daselbst S. 396.
[7]) Dass diesen zuerst von Äschylus (Ag. 1040 f.) und zwar im Sinne ernstester Tragik erwähnten Mythus Spätere zu komischen Zwecken benutzt haben, ist bekannt genug; schon von den Tragikern Ion und Achaeus sind Satyrspiele unter dem Titel »Omphale« bezeugt; bei Achaeus (fr. 32 p. 754 Nek.) erhält »Der Satyr«, d. i. Seilen (vgl. Urlichs, Achaei quae supersunt p. 77), das Lob besonderer »Freundlichkeit« gegen Sklaven« in den schönen Ausdrücken: *φίλδουλος* und *πένικος*.

gewaltigen Heros durch Omphale zwar nur deshalb gedacht, um den Gegensatz zu seiner siegreichen Heimkehr hervorzuheben; immerhin erfolgt die Erwähnung mehrmals mit Emphase, erst durch Hyllos, der bereits die Befreiung meldet (v. 69 ff.), dann in den näheren Mitteilungen des Lichas, aus denen der Hörer erfährt, dass Herakles nicht frei, sondern verkauft (v. 249 f.)[1]) ein volles Jahr der Barbarin gedient, aber dabei knirschend vor Wut über solche Schmach sich geschworen habe, den Urheber dieses Leidens mit Weib und Kind selbst zu knechten (v. 252 ff.). Freilich hat Eurytos, dem dieser drohende Eid gilt, den Verkauf nur im Auftrage des Zeus bewirkt, der den übermütigen Sohn büssen lassen will; Weil jener höchstselbst πρατόν νιν Ἐξέπεμψε, schaltet ja Lichas gleich anfangs in seinen Bericht die entschuldigenden Worte ein v. 250 f.:

$$— \text{τοῦ λόγου δ' οὐ χρὴ φθόνον,}$$
$$\text{γέναι, προσεῖναι, Ζεὺς ὅτου πράκτωρ φανῇ.}$$

So ist denn Herakles' Dienstbarkeit ein von dem göttlichen Vater über ihn verhängtes Strafgericht und im Gegensatz zu der bloss scheinbaren in Euripides' ›Syleus‹, die den Alkmenesprössling zum Gebieter seines ohnmächtigen Herrn macht (S. 24 f.), eine schwere Demütigung. Überall also, wo der Dichter in den ›Trachinierinnen‹ Sklaven einführt oder auf ihre Lage Bezug nimmt, that er es nicht, wie früher, mit einem mehr oder minder deutlichen Ausdruck der Geringschätzung, sondern unter bedauerndem Hinweis auf ihre Zwangslage, die um so greller in die Augen fällt, je weniger die betreffenden Träger dieses Standes vermöge ihres Charakters Schmach und Verachtung wirklich verdienen. In einer solchen Auffassung begegnet sich hier Sophokles demnach — sehr im Gegensatz zu seinen ursprünglichen Ansichten — ganz mit Euripides.

Ist Sophokles in der eben besprochenen Tragödie somit thatsächlich in die Bahnen euripideischer Humanität eingelenkt, so würden wir dennoch hieraus mit Unrecht auf seine fernere völlige Konsequenz schliessen. Früher wagten wir gelegentlich den Versuch, seinen ›Troilos‹ in die Zeit kurz vor Euripides' ›Orest‹ zu fixieren (S. 21), und gelangten zu dem Schlusse, dass der in dem ersteren Drama auftretende scurrile Eunuch, gewiss das asiatische Zerrbild eines Sklaven, dennoch auch das Vorbild für den euripideischen Phryger geworden sei. Beide Figuren bezeichnen, so dramatisch wirksam sie sind, einen Abfall von der vorher bethätigten humanen Zeichnung der Sklaven-charaktere; aber wenn wir bereits nachdrücklich betonen mussten, dass bei Euripides jener Kastrat unter den zahlreichen Dienstboten eine vereinzelte Ausnahme bildet, so werden wir in Bälde bemerken, dass auch bei Sophokles die Abkehr von der liberalen Behandlung der Dienerrollen nur eine vor-übergehende gewesen. Was allerdings die beiden jüngsten erhaltenen Tragödien an Vertretern der dienenden Klasse aufweisen, ist für letztere sehr wenig charakteristisch. Dies gilt zunächst im **„Philoktet"** von der Rolle des Spähers, der, obwohl θεράπων, doch als Schiffsherr verkleidet ist (v. 125 ff.) und demnach Philoktet gegenüber einen ἔμπορος zu spielen hat. Seine aus Wahrheit und Dichtung gewobene Botschaft ist auf den Gang der Handlung nur vorübergehend von Einfluss, nicht eigentlich ausschlaggebend, und so bildet denn diese Partie mehr ein anziehendes Intermezzo, als dass sie, wie dies bei der erlogenen Meldung des Pädagogen in der ›Elektra‹ der Fall ist, das Gelingen des Planes wirklich bedingte. Während vor Sophokles die beiden andern tragischen Dichterfürsten den Chor aus Lemniern bilden, die dem Philoktet ihre Fürsorge und Teilnahme an-gedeihen lassen[2]), besteht er in unserm Drama[3]) aus Schiffsleuten des Neoptolemos, ein Motiv, das sich nachher Accius angeeignet zu haben scheint[4]). Es wäre grundfalsch zu glauben, Sophokles habe diese abweichende Fassung gewählt, um etwa einer liberalen Regung nachzugeben oder gar dem

---

[1]) Vgl. v. 267: φανεὶς δὲ δοῦλος ἀνδρὸς ἀντ' ἐλευθέρου.
[2]) Vgl. Dio Chrysost. Or. 52 § 6. 7.
[3]) Aufgeführt Ol. 923 = 409.
[4]) Ribbeck, R. Tr. S. 379.

Sklavenstande eine Concession zu machen, wie man Euripides eine solche Absicht sehr wohl zutrauen dürfte. Dazu sind die Choreuten viel zu unbedeutend. Zwar zeigen sie sich ihrem Herrn, von dem sie gleich bei ihrem Auftreten ängstlich Verhaltungsbefehle sich ausbitten, treuergeben und bekunden diese Gesinnung nicht bloss bald in respektvollen, bald in zärtlichen Anreden[1], sondern mehr noch durch ihr gefügiges Wesen, durch welches sie von vermittelnden Beratern allmählich herabsinken zu bewussten Jasagern und Nachbetern (v. 1072 f.). Ihre ganze Auffassung der Situation, deren einzelne Stadien von ihnen mehrmals gänzlich misskannt (v. 719 ff. 827 ff.) oder mit Ratlosigkeit betrachtet werden (v. 963), verrät ein beschränktes Geistesvermögen: Kein Wunder daher, dass beide Parteien ihre Vorschläge entweder abweisen (v. 839 ff. 865 f.) oder einfach ignorieren (v. 1095 ff. 1123 ff.). Um so besser entwickelt ist an ihnen die Gemütsseite: Neben der bereits gerühmten Treue gegen ihren Herrn bekunden sie rührendes Mitgefühl mit dem armen Dulder: Hier ergeht sich mehrmals ihr Gesang in schönen, schwungvollen Rhythmen (v. 169 ff. 676 ff.), mit denen der Dichter namentlich Lessings Bewunderung sich verdient hat[2]. Müssen wir bei dieser geringen individuellen Bedeutung dennoch eine Ähnlichkeit mit euripideischen Vertretern des dienenden Standes anerkennen, so beschränkt sie sich auf Pflichttreue und Anhänglichkeit an den Gebieter.

So lässt sich denn von der einzigen Botenrolle des **„Ödipus auf Kolonos"** eine charakteristische Beleuchtung der Sklaverei kaum erwarten. »Der Bote berichtet auf seine umständliche Erzählung umständlich, wie Boten pflegen, vor«[3]; dieselbe ist ja auch von einer gewissen Teilnahme getragen, entbehrt aber ein tieferes persönliches Gepräge durchaus. Obwohl nicht verschwiegen werden darf, dass weitere Dienerrollen dem Dichter vielleicht aus äusseren Gründen für dieses Drama nicht erforderlich schienen, liegt es doch auch wieder nahe genug, in der Farblosigkeit und Vereinzelung jener Dienerrolle ein allmähliches Versiegen des euripideischen Einflusses auf Sophokles zu erkennen.

Wie und inwiefern Euripides auf die weitere griechische Tragödie eingewirkt, lässt sich leider kaum kontrolieren. Wenn bei Ion von Chios (fr. inc. 53ª Nck.) jemand den Tod der Knechtschaft vorzieht, wenn Agathon (fr. inc. 24ª Nck.) sagt, es würde keinen Neid unter den Menschen geben, wenn wir alle ἴξ ἴσου πεφύκότες wären, wenn Theodektes (fr. inc. 15ª Nck.) die εὐγένεια bedenklich findet, weil sie Unwürdige zu Vorgesetzten erhebe, so sind dies wohl Anklänge an Gedanken, die uns bei Euripides als originell entgegentraten; allein sie bilden keinen vollen Accord und verhallen daher in der weiten Öde des Trümmerfeldes, als welches ja die spätere Tragödie der Hellenen sich uns darstellt.

Um so vernehmlicher ist der Wiederhall, der von andern Gebieten der griechischen Litteratur zu uns herübertönt. Zunächst wird von der Komödie, der älteren wie der neueren, genugsam bezeugt, dass Euripides nicht vergebens Humanität gepredigt hat. In Aristophanes' früheren Dramen freilich sind die Sklavenrollen noch wenig markiert: hier zeigt sich Euripides' Einwirkung höchstens insofern, als für die Sklaven bisweilen des Hörers Mitleid erregt wird, wie wenn in den »Wespen« (aufgeführt Ol. 89, 2 = 422) ein vielgeplagter Diener in komisch-elegischen, aber doch beweglichen Worten die Schildkröten wegen ihres harten Panzers beneidet und glücklich preist (v. 1292 ff.). Jedoch schon im »Frieden« (421) rühmt sich, wie wir bereits erwähnen mussten (S. 23), der Dichter mit Recht, dass er die immer über Schläge schreienden Sklaven aus der Komödie entfernt habe

---

[1] v. 135: δέσποτ'. v. 150. 507. 510. 820. 963: ἄναξ. v. 201: παῖ. v. 210. 855: τέκνον.
[2] „Laokoon« Kap. IV 2, Anm.
[3] Schneidewin u. Nauck zu v. 1581.
[4] Vgl. Wallon I² p. 300.

(v. 744 ff.) [1]. Ferner ist es gewiss kein Zufall, dass die Vertreter der dienenden Klasse mit Euripides' wachsendem Einfluss auch in der Komödie an Bedeutung gewinnen: In den »Fröschen«, also an der Grenze der alten und der mittleren Komödie, beledt Xanthias bereits die ganze Handlung, und einen noch breiteren Raum nimmt neben dem Herrn geradezu als lustige Person *(βωμολόχος)* Karion im »Plutos« ein [2]. Damit ist gewissermassen die Stellung des Sklaven in der mittleren und neueren Komödie schon vorgezeichnet. Sie zu schildern und die hohe und vielseitige Bedeutung zu würdigen, welche hier dem Sklaven zukommt, ist natürlich dieses Ortes nicht, zumal durch Ribbecks glänzende Darstellung der plautinischen Charakterrollen diese Aufgabe eigentlich auch für das hellenistische Lustspiel, das Vorbild von Plautus und Terenz, bereits gelöst ist [3]. Zugleich aber ist damit der Einfluss von Euripides' Humanität bis in die Römerzeit erwiesen. Allerdings entsprach gerade bei den stolzen Weltbeherrschern die sociale Stellung des servus der Bühne oft genug der rauhen Wirklichkeit durchaus nicht. Die Fechterkriege und sicilischen Arbeiteraufstände mit den entfesselten Leidenschaften des Sklaven, wenn er die Kette bricht, eröffnen uns in das Massenelend des dienenden Standes eine Perspektive von ergreifender Wirkung, sodass der geachtetste Historiker unserer Tage behaupten darf: »Das Meer von Jammer, das in diesem elendesten aller Proletariate sich vor unseren Augen aufthut, mag ergründen, wer den Blick in solche Tiefen wagt; es ist leicht möglich, dass mit denen der römischen Sklavenschaft verglichen die Summe aller Negerleiden ein Tropfen ist [4]. Allerdings tritt diesem himmelschreienden Notstand schon früh wenigstens theoretisch eine andere Macht entgegen: wir irren jedoch wohl kaum, wenn wir ihren Ursprung gleichfalls auf Euripides zurückführen. Hat sich dieser nämlich, wie wir gelegentlich schon berührten (S. 5), als gelehriger Schüler der Sophisten den ästhetisch bedenklichen Namen des Bühnenphilosophen erworben, so ist ohne Zweifel auch umgekehrt die gleichzeitige und spätere Philosophie nachhaltig von ihm beeinflusst worden. Wenigstens lässt gerade in der Sklavenfrage ein post hoc propter hoc sich nicht abweisen. Zwar beschränkt sich diese Einwirkung auf gewisse philosophische Systeme; Unberührt bleiben von ihr gerade die beiden gewaltigsten Heroen griechischer Spekulation, Platon und Aristoteles, von denen bekanntlich jeder nach seiner Weise und von seinem Standpunkt die Sklaverei ebenso geistvoll wie spitzfindig zu rechtfertigen sucht. Dagegen ist es hochbedeutsam, dass von den jüngeren Sophisten einmal Alkidamas, der Zeitgenosse des Isokrates, darauf hinweist, der Gegensatz zwischen Sklaven und Freien sei der Natur unbekannt, andere dagegen die Sklaverei sogar grundsätzlich als eine naturwidrige Einrichtung bezeichnen [5]; dass ferner diesen Urteil die Kyniker beipflichten, wenn sie es nicht vielleicht schon früher als jene Sophisten ausgesprochen haben [6]; dass die spätern Stoiker endlich bereits allgemeine Menschenliebe predigen und das Geständnis, die Sklaverei sei unrechtmässig, nicht unterdrücken [7]. Auch Cicero, der gelegentlich eine gewisse Kälte der Empfindung den Sklaven gegenüber verrät [8], redet doch der Milde und Menschlichkeit bei ihrer Behandlung anderwärts ernstlich das Wort [9]. Ihren Höhepunkt aber erreicht diese Anschauung der Stoiker in dem jüngeren Seneca, dessen 47. Epistel ein leuchtendes Denkmal heidnischer Humanität genannt zu werden verdient. Deshalb hat ja Seneca

---

[1] Walton I[?] p. 397.
[2] Ribbeck, Gesch. d. Röm. Poesie I S. 72.
[3] Ebenda I S. 73 ff., vgl. auch Ribbeck, »Über die mittlere und neuere att. Komödie« (1857) S. 39, 47, 54.
[4] Mommsen, R. G. II[?] S. 77.
[5] Vgl. Aristot. Polit. I 3 p. 1253b 20 ff., Zeller, Gesch. d. griech. Philos. I S. 1007.
[6] Zeller, a. a. O. II S. 276 mit Anm. 2.
[7] Ebenda III S. 301 u. Anm. 1.
[8] Cic. ad Att. I 12, 4: Sositheus desseret meque plus, quam servi mors debere videbatur, commoveret.
[9] Off. I 13, 41 f.

manchen auch als Anhänger oder Gönner des Christentums gegolten; nennt ihn doch schon Tertullian -häufig den Unsere [1]; doch reden bekanntlich erst spätere kirchliche Schriftsteller von seinen Verkehr mit dem Apostel Paulus. In Wahrheit ist nun freilich Senecas Standpunkt nicht der des Christen, sondern — wie die Denkungsart des Euripides — rein menschlich, aber darum gewiss nicht minder rühmlich. Gerade in der Sklavenfrage weisen beide Autoren eine überraschende Übereinstimmung auf. An der erwähnten Stelle belobt Seneca seinen Freund Lucilius zunächst wegen des gütigen Verkehrs mit seinen Sklaven. Um gewissen Einwänden zu begegnen, knüpft er daran folgenden fingierten Dialog: -Servi sunt-. immo homines. -servi sunt-. immo contubernales. -servi sunt-. immo humiles amici. -servi sunt-. immo conservi: si cogitaveris tantundem in utrosque licere fortunae. Erinnern hier die ersten Worte mit dem wichtigen Hinweise darauf, die Sklaven seien auch Menschen, an Stellen wie Herc. Fur. 633 und Alexand. fr. 52 [2], wo Euripides für die Gleichheit aller Menschen, also auch die Gleichstellung der Sklaven mit den Freien plädiert, so stimmt der letzte Satz von der allgemeinen Knechtung der Sterblichen durch das Schicksal mit früher erwähnten Euripidesversen (S. 8. 20) inhaltlich völlig überein. Dasselbe gilt von den späteren Worten § 17: Servus est-, sed fortasse liber animo. -servus est-, hoc illi licebit? Hören wir hier nicht Verse durchklingen wie Ion 854 f., fr. 511 [2], 831 [2], denen wir seiner Zeit (S. 13) als einem Ausfluss edelster Humanität bewundernde Anerkennung gezollt haben? Und wenn § 12 unter andern enttbronten Fürstlichkeiten auch Hecuba aufgeführt wird, so findet diese kurze Erwähnung eine ausgiebige Ergänzung in Senecas Tragödie -Hecuba-, welche, ebensowie seine -Troades-, die Klagen der gleichnamigen Dramen des Euripides nur wiederholt und somit für das Sklaventos bei beiden Dichtern die nämlichen verständnisvollen Empfindungen offenbart.

Nun ist es freilich bekannt genug, dass weder die Bühne noch die philosophische Lehrkanzel den menschlich schönen, ja unschätzbaren Anschauungen des grossen Tragikers Sieg und Geltung hat verschaffen können. Nein, die Sklavenemancipation ist vielmehr eine späte, aber edle Frucht des Christentums. Sowenig auch -von Christus und den Aposteln die bei den Juden und den Heiden hergebrachte Rechtsgewohnheit der Sklaverei auf dem direkten Wege rechtlicher Vorschriften bekämpft und aufgehoben wird-, so gewiss -musste doch die Offenbarung des Menschensohnes zur Beseitigung eines Verhältnisses führen, das mit der unerschaffenen und durch die Erlösung hergestellten göttlichen Würde des Menschen im Widerspruch stande [3], so gewiss -musste die folgerichtige Auswirkung der christlichen Ideen die Sklaverei principiell beseitigen [3]. Mögen wir aber diese Errungenschaft unserer Religion noch so dankbar zu schätzen wissen, innerhin können und sollen wir doch auch die Bestrebungen derer würdigen, welche bereits auf antikem Boden in mühseliger dichterischer oder philosophischer Geistesarbeit den gleichen Kulturfortschritt anbahnten wie mehrmals das Christentum und so diesem hie und da geradezu das Feld bereiteten. Man ist leider nur zu oft geneigt, über dem unvergleichlichen Kunstwert der antiken Welt ihre wertvollen, im Gegensatz zur christlichen Religion freilich noch unvollkommenen und oft nur im Keime vorhandenen ethischen Vorzüge zu übersehen. Demgegenüber haben vorstehende Zeilen den Beweis zu erbringen versucht, dass speciell in Euripides' Innern neben allerhand Zweifeln und Widersprüchen doch noch Raum und Verständnis, ja Begeisterung vorhanden war für einen der edelsten sittlichen Begriffe: für persönliche Freiheit und Menschenwürde.

[1] De anima c. 20; vgl. Friedländer, Röm. Sittengesch. III [3] S. 691 f.; Wunder, L. Annaeus Seneca quid de dis senserit, Progr. der Fürstenschule Grimma 1879 S. 20.
[2] Vergl. Herzog und Plitt, Theol. Realencyclopädie, 2. Aufl. XIV S. 315.
[3] Ebenda S. 340.

Der Sklave bei Euripides.

Von Johannes Schmidt.

Die erbitterten Worte, mit denen Euripides bekanntlich nicht selten das ganze weibliche Geschlecht überschüttet, lassen uns zu seiner Objektivität zunächst kein gutes Zutrauen gewinnen. Wir sind darnach geneigt, ihn als einen einseitigen, befangenen, mindestens launischen Beurteiler sozialer Verhältnisse zu betrachten, für deren Wert oder Unwert ja das jeweilige Frauenlos immer charakteristisch gewesen ist. Mag Euripides' Weiberhass von Neueren übertrieben und zu solidarisch gefasst worden sein, mag manches scharfe Wort des Dichters gemildert worden durch andere Aussprüche, in denen er geradezu das Glück der Ehe preist, mag man ferner jene Verunglimpfungen auf Rechnung seiner von den Komikern nur zu gern mit Hohn behandelten schlimmen Erfahrungen im eigenen Hause zu setzen haben, mag er endlich so manche Schmähung des weiblichen Geschlechts nicht im eigenen Namen aussprechen, sondern nur einer Person in den Mund legen, bei welcher sich jene Kritik gleichsam aus der dramatischen Situation ergiebt, — Euripides' Abneigung gegen das Weib im allgemeinen steht ausser Zweifel und beweist aufs deutlichste des grossen Dichters Subjektivität. Aber gerade diese Eigenart erwirbt ihm den Ruhm und Vorzug der Selbständigkeit des Urteils, durch die er in mancher Hinsicht die schärfsten Köpfe und freisten Geister seines Volks und Zeitalters, ja des gesamten Altertums überragt. Sosehr Euripides wegen seiner Neigung zu Rhetorik, Sophistik und Politik ein Träger und Verbreiter der Ideen seiner Zeit genannt zu werden verdient: weit voraus ist er ihr doch in der rückhaltlosen Betonung der Menschenrechte, in der unbefangenen Auffassung der Standesunterschiede, in der kosmopolitischen Milderung der nationalen Gegensätze zwischen Grieche und Barbar, in der mitunter ganz modern klingenden Anerkennung von des Menschen innerem Wert, kurz in der Humanität. Als deren Verkündiger tritt er mit warmen Worten häufig für die niedrigste Klasse der menschlichen Gesellschaft ein, deren Befreiung erst das 19. Jahrhundert ernstlich sich zur Aufgabe gesetzt hat: der Sklave geniesst bei ihm eine bevorzugte Stellung, wie in der historischen Zeit des Hellenentums sonst nirgends; vielmehr lehrt namentlich ein Vergleich mit den beiden andern Tragikern, dass Euripides allein oder doch zuerst ihm eine menschenwürdige Stellung angewiesen hat. Dieser vergleichenden Betrachtung seien die folgenden Blätter gewidmet; treffliche Vorarbeiten, welche die von Euripides theoretisch angestrebte Gleichheit des Sklaven mit dem Freien ins Auge fassen oder wenigstens berühren, werden uns dabei zu gute kommen[1]).

---

[1]) Vgl. Göbel, Euripides de vita privata ac domestica quid senserit, Doctordiss. v. Münster 1849, S. 58—62; O Ribbeck, Eur. u s. Zeit, Progr. d. Kantonschule in Bern 1860, S. 24 f.; Schenkl, die polit. Anschauungen des Eur., Zeitschr. f. d. österr. Gymn. XIII (1862) S. 364 ff. u Philologus XX (1863) S. 685; Oncken, Athen und Hellas II (1866) S. 105 f.

Über die Sklaverei bei den Griechen im allgemeinen verbreiten Licht: Wallon, Histoire de l'esclavage dans l'antiquité. 1. Bd. 2. Aufl. 1879, S. 64 ff, wobei Eur. nur gelegentlich erwähnt wird S. 63 f. 86. 88. 381. Büchsenschütz, Besitz u Erwerb im griech. Altertum, 1869, S. 104 ff.; W. A. Becker, Charikles, 2. Ausg. v. Göll. III S. 1 ff. Vgl. auch Leopold Schmidt, Ethik d. Griechen II S. 202 ff.

I.
Der äschyleische Sklave.

Äschylus, der Begründer der attischen Tragödie, führt uns in seinen ältesten Stücken Sklaven entweder gar nicht oder nur in durchaus farblosen Rollen vor[1]). Die „Schutzflehenden" weisen keine selbständigen Personen auf, die durch Sklaven vertreten würden[2]); erst gegen Ende, als nach der Verjagung des ägyptischen Herolds der Chor der Danaiden sich anschickt, der Einladung des Argiverkönigs zu folgen und in die neue Heimatsstadt einzuziehen, werden die treuen Dienerinnen (φίλαι ὀμωΐδες) aufgefordert, dem Zuge sich anzuschliessen (v. 977 ff. Dind.). Immerhin erscheint auch in diesem Drama das Los des Sklaven keineswegs beneidenswert: Die Danaiden flehen in ihrer Angst vor den Verfolgern den König des Landes inständig an, sie nicht zu Sklavinnen des Ägyptusstammes werden zu lassen (v. 334), und begründen ihre Bitte mit der Bemerkung (v. 336):

τίς δ' ἂν φίλας ὤνοῖτο τοὺς κεκτημένους; [3])

Um so willkommener ist dem bedrängten Danaos und seinen Töchtern die Entscheidung der argivischen Gemeinde, als freie Metöken im Lande leben zu dürfen (v. 609), wenn auch die Mädchen noch immer die Befürchtung hegen, δουλόφρονες καὶ δολομήτιδες[4]) (v. 750) möchten sie vom Altar wegreissen, eine Bezeichnung der Ägyptussöhne (vgl. schol. οἱ Αἰγυπτιάδαι), mit welcher zugleich auch die Gesinnung des Sklavenstandes überhaupt als feindselig und hinterlistig gebrandmarkt wird.

In den „Persern" ferner wird zwar lediglich der Gegensatz zwischen der nationalen Freiheit der Hellenen, speziell Athens, und der medischen Knechtschaft hervorgehoben; das Verhältnis des Sklaven als eines Individuums zu seinem Herrn kommt dabei nicht in Frage. Und doch möchte

---

[1]) Göbel S. 60; Schenkl S. 307.

[2]) Der Herold in diesem Stücke, wie Kopreus in Euripides' Herakleiden ein ungestümer Geselle, ist dem Sklavenstande ebensowenig beizuzählen wie sein durchaus menschlich und warm fühlender Amtsgenosse im „Agamemnon", den, in Erinnerung an Homer, das Personenverzeichnis des Laurentianus unter dem Namen Talthybios aufführt. In der Ilias ist ja letzterer ein freier Mann, wie in der Heroenzeit die θεράποντες der Könige und Heerführer freie Leute, oftmals sogar fürstlichen Geschlechts sind, vgl. Il. 16, 244 (Patroklos); 23, 113 (Meriones); Ostermann, de praeconibus Graecorum, Marburg 1845, S. 2. 11. 14. Aber auch für den Herold der Tragödie ist sein freier Stand gelegentlich direkt bezeugt, so für Lichas in Soph. Trach.: v. 454 vgl. mit v 189. 227. 620. Vgl. auch Sittl, Gesch. d. griech. Lit. bis auf Alex. d. Gr. III S. 165. Waren doch auch in historischer Zeit die Herolde meist besoldete Unterbeamte (ἐπηρέται), vgl. Ostermann, S 49. 52. 54; K. Fr. Hermann, Griech. Altert. I², (Staatsaltertümer) § 147, 7; und nur z. T. oder bisweilen Sklaven: ebenda 8. Damit harmoniert aufs beste, dass Euripides bekanntlich den Herolden, wie schon den Alten auffiel (schol. Eur. Or. 895 u. fr. 1012 Nck.[2]), in der Darstellung ihrer Charaktere arg mitspielt, während er doch die Sklaven sichtlich protegiert oder wenigstens glimpflich behandelt. Auch die Rolle des Boten wurde ursprünglich gewiss nicht immer durch einen δοῦλος vertreten, wie es anzunehmen scheint Hornung, de nuntiorum in trag. Gr personis et narrationibus, Progr. d. Ritterak. Brandenburg 1869, S 8 14; vielmehr ist dies anscheinend erst bei Euripides der Fall (Rassow, quaest. select. de Eur. nuntiorum narrat; diss. Greifsw. 1883, S. 14 ff.) obwohl man in einzelnen Fällen keine sichere Gewähr erlangt; dagegen ist des ἄγγελος Stellung bei Äschylus und Sophokles jedesmal besonders zu prüfen. Der Bote in den „Persern" nämlich ist ein Mitkämpfer in der Schlacht bei Salamis und daher ein freier Mann, soweit es solche unter der persischen Despotie überhaupt giebt (Eur. Hel. 276); ebenso der als Bote auftretende Kampfgenosse des Teukros in Soph. Ai. Für den ἄγγελος ποτάσσονος in den „Sieben gegen Theben" bleibt es zweifelhaft. Sicher sind Sklaven der Bote in der „Antigone" (vgl. v. 1214 mit 1219 f.) und im „König Ödipus" (v. 1028 f.); ebenso überall der ἐξάγγελος, offenbar stets ein Haussklave.

[3]) „Wer tauscht zum Freunde den sich ein, der ihn bezwang?" (Kruse; vgl. auch dessen Erklärung dieser Stelle; κεκτημένος = δεσπότης, vgl. Soph. Phil. 778).

[4]) Dies die Lesart der Handschriften, festgehalten von Kirchhoff und Wecklein; Valckenaer schrieb οἱ δόφρονες, das freilich, wie übrigens auch δολόφρονες, nur hier sich finden würde, aber scheinbar gestützt wird durch homerisches ἐλεόφρων; Hermann wollte aus metrischen, aber keineswegs zwingenden Gründen, zugleich mit Alliteration, δολόφρονες καὶ δολομήτιδες lesen.

damals, als die Gefahr siegreich überwunden war, gerade dem freien Athener das Herz höher schlagen bei den Worten der persischen Grossen, es seien die Anwohner des heiligen Tmolos aufgebrochen, um Hellas der Knechtschaft Joch aufzuerlegen (v. 50). Noch schöner verherrlicht der Dichter die freie Verfassung seiner Vaterstadt in der Unterredung der Atossa mit dem Chor, welcher der Königin auf die Frage nach dem Gebieter der feindlichen Heeresmacht ganz im Sinne athenischen Freiheitsstolzes erwidert (v. 242):

$$\text{οὔτινος δοῦλοι κέκληνται φωτὸς οὐδ᾽ ὑπήκοοι.}$$

Aber wie gesagt, es werden hier wie anderwärts in diesem Drama (v. 403. 745) die Begriffe Freiheit und Knechtschaft ausschliesslich auf Land und Volk bezogen, und auch der treue Diener, den Themistokles mit der bekannten Botschaft an den Perserkönig sendet, wird nicht als Sklave, sondern allgemein als ἀνὴρ Ἑλλην bezeichnet (v. 355) — als wäre es zu viel Ehre für den οἰκέτης καὶ παιδαγωγός τῶν Θεμιστοκλέος παίδων (Herod. VIII, 75; Nep. Them. 4), als Träger einer so folgenschweren Mission von der Bühne herab genannt zu werden[1]).

Mag der Bote in den „Sieben gegen Theben" als Sklave zu betrachten zu sein oder nicht, trotz des ziemlich ansehnlichen äusseren Umfangs seiner Rolle ist von einer individuellen Entwickelung seines Charakters wenig zu merken. Seine Meldungen erfreuen sich bekanntlich nach Ritschls geistvollen Untersuchungen[2]) in ihrer metrischen Komposition und Responsion einer ebenso sinnreichen wie sorgsamen Behandlung durch den grossen Dichter: einen persönlichen Reiz hat er der Figur dieses Boten nicht verliehen. Seine Aufforderung an Eteokles, Verteidiger der Stadt auszusenden (v. 57 f.), ist ziemlich allgemein gehalten und diktiert von dem allerdings berechtigten Wunsche, der König möge (v. 471): πόλεως ἀπείργων τῆ᾽δε δούλιον ζυγόν, weshalb er denn nachmals anscheinend nicht ohne Genugthuung die Verwirklichung dieses Wunsches berichtet mit den Worten (v. 793):

$$\text{πόλις πέφευγεν ἤδε δούλιον ζυγόν.}$$

Dies ist ihm aber eben die Hauptsache. Den ergreifenden Bruderkampf dagegen und seinen noch ergreifenderen blutigen Ausgang verkündet er unmittelbar darauf dem bestürzten Chore mit auffallender Kälte und ohne Teilnahme für das schwere Geschick seines Herrscherhauses. Dem Chore selbst, der von zarten thebanischen Jungfrauen gebildet wird, bangt heftig vor der Einnahme der Vaterstadt, weil erstere ihnen die Knechtschaft bringen werde; immer wieder flehen sie zu den Göttern: μή με δουλείας τυχεῖν (v. 253, vgl. 111. 321 ff.) und malen sich schon lebhaft die Schrecken der bevorstehenden Sklaverei aus, in welcher sie als δμωΐδες des Siegers εὐνὰν αἰχμάλωτον werden besteigen müssen (v. 364 ff.). Wie in den „Schutzflehenden" wird demnach der Verlust der nationalen und gar der persönlichen Freiheit als das schwerste Unheil betrachtet, und wie dort steht der Sklavenstand, nach der Gefühllosigkeit seines einzigen Vertreters, jenes ἄγγελος, zu urteilen, nur auf einer niedrigen Stufe der Gesinnung.

Wenn in Äschylus' „Prometheus" (v. 50) einer der beiden Schergen, die den Titanen an den Ort seiner Gefangenschaft schleppen, den bedeutsamen Ausspruch thut:

$$\text{ἐλεύθερος γὰρ οὔτις ἐστὶ πλὴν Διός —,}$$

so ist damit in ergreifender Weise „die Unfreiheit der alten Welt" charakterisiert[3]), welche nicht ohne Wehmut über das drückende Sklavenjoch, unter dem der Mensch seufzt, allein dem höchsten Wesen das Glück der Freiheit vergönnt. Und doch spottet Prometheus der Fesseln, die ihn an den

---

[1]) Dem hätte auch nicht im Wege gestanden, dass allerdings Sikinnos — so hiess der Sklave (schol. v. 355) — zu der Zeit, da Äschylus' „Perser" aufgeführt wurden (Ol. 76, 4 = 472), durch die Gunst seines ehemaligen Herrn wohlhabender Bürger von Thespiä war (Herod. a. a. O.).

[2]) Opusc. I p. 300 ff.

[3]) E. Curtius, Altertum u. Gegenwart I S. 163 ff.

Kaukasus ketten; „weniger als nichts" macht er sich aus Zeus, der ihn doch zu diesem Verhängnis verdammt hat (v. 938); geringschätzig weist er seine Anträge zurück, welche ihm „des neuen Tyrannen Knecht" (v. 942, vgl. 954. 983) überbringt, und höhnend schleudert er diesem das Wort ins Gesicht (v. 966 f.):

τῆς σῆς λατρείας τὴν ἐμὴν δυσπραξίαν,
σαφῶς ἐπίστασ᾽, οὐκ ἂν ἀλλάξαιμ᾽ ἐγώ.

Wir sehen, auch in Ketten und Banden erhebt sich der grandiose Trotz des gewaltigen Heros über den Jammer der Knechtschaft, eine grossartige Konzeption, mit welcher Äschylus ideell über die Schranken, welche sein Zeitalter ihm setzte, hoch emporragt. Allein so mächtig die dramatische Wirkung jener Gestalt ist, ihre Heldenhaftigkeit soll nach des Dichters Absicht gewiss nicht die eines Menschen sein, sondern gerade ihre Übermenschlichkeit durch jene Charaktergrösse gekennzeichnet werden. Wir würden daher sehr irren, wollten wir bereits in ihr eine Weiterentwickelung der Anschauungen des Dichters von der Stellung des Sklaven als solchen erkennen, der vielmehr, wie wir an einer anderen Figur der äschyleischen Poesie alsbald wahrnehmen werden, sich weder zu sozialer noch zu sittlicher Gleichheit mit dem Freien erhebt.

Damit soll nicht behauptet werden, dass nicht die Sklavenrollen der Orestie einen gewissen Fortschritt aufwiesen: sie sind in der That wärmer und lebensvoller gezeichnet, sodass sie bisweilen auffallend an entsprechende Figuren des Shakespeareschen Dramas erinnern, vor allem aber: sie entbehren nicht ganz des ethischen Motivs. Der Wächter im „Agamemnon" betrauert „das Ungemach dieses Hauses" (v. 18) und zeigt treue Anhänglichkeit an seinen Herrn (v. 32. 34 f.): immerhin eignet gerade die letztere auch dem Tiere, mit dessen Wächteramte er das seinige vergleicht (v. 3: κυνὸς δίκην), und die von ihm bekundete Teilnahme an dem Schicksal seiner Herrschaft ist augenscheinlich durchaus abhängig von dem eigenen Ergehen. So klagt er denn am Anfang jenes Monologs laut über die Mühen seines Berufs und bittet die Götter um deren Ende (v. 1 ff.), und als das erlösende Feuerzeichen den Fall Trojas verkündet, freut er sich vornehmlich darüber, dass er selbst bald — an der Beendigung seiner Wacht und am Lohne — die glückliche Wendung im Geschick seiner Herrschaft spüren werde (v. 32 f.). Der Schluss seiner Rede aber, der durch ein derbes Sprüchwort volkstümlich geziert ist (v. 36), verrät, dass er „als Haussklave manches weiss, und indem er damit und mit seiner Dienstverschwiegenheit wichtig thut, bringt er es gerade erst unter die Leute"[1]). Genng, „die Gedanken und ihre Verbindung sowie die Färbung des Ausdrucks charakterisieren hinreichend den niederen Stand dieser Person". Erschütternd wirkt es, als erbeutete Sklavin Kassandra auftreten zu sehen: nachdem ihr Vaterhaus in Schutt und Asche gesunken, hält die troische Königstochter als Gefangene ihren Einzug in einem fremden Herrscherpalast, in welchem auch ihr bald darauf ein schrecklicher Tod bereitet werden soll. Indes wird ihr schweres Los zunächst schön gemildert durch die Aufnahme, die sie hier findet: Ihr neuer königlicher Herr empfiehlt sie der Fürsorge seiner Gattin mit den edlen, hochsinnigen Worten (v. 950 ff.:

— τὴν ξένην δὲ πρευμενῶς
τήνδ᾽ ἐσκόμιζε· τὸν κρατοῦντα μαλθακῶς
θεὸς πρόσωθεν εὐμενῶς προσδέρκεται,
ἑκὼν γὰρ οὐδεὶς δουλίῳ χρῆται ζυγῷ,

mit Worten fürwahr, die dem Dichter von reinster Humanität und echt frommem Gefühl eingegeben sind![2]) Und wenn der Chor, welcher mit wachsendem Staunen die prophetischen Klagen der Seherin vernimmt, in den Ruf ausbricht (v. 1084):

μένει τὸ θεῖον δουλίᾳ περ ἐν φρενί,

---

[1]) „Aeschylos' Agamemnon", herausgeg. v. Enger. 2. Aufl. v. W. Gilbert S. XVII.
[2]) Vgl. Lechler, Sklaverei und Christentum, Reformationsfestprogramm Leipzig 1877, I. S. 11.

so scheint derselbe gleichfalls das Gepräge einer höheren Auffassung von der Person des Sklaven zu tragen, die man dem Dichter hoch anrechnen müsste. Allein man darf bei dem letzteren Ausspruche nicht vergessen, dass er, wie gesagt, durch die Verwunderung des Chors über Kassandras Sehergabe — denn dies ist hier τὸ θεῖον — bedingt ist und daher keineswegs den Wert einer allgemeingiltigen Sentenz in Anspruch nehmen darf. Die Worte Agamemnons aber, so schön und erhaben sie sind, sie werden von ihm gesprochen angesichts einer zwar gefangenen und ihrer äusseren Macht entkleideten, aber doch in ihrem schweigsamen Schmerze imponierenden und zudem vielleicht von ihm geliebten Prinzessin, durch deren Schicksal daher sein ohnehin menschlich fühlendes Herz zu aussergewöhnlicher Milde gestimmt wird: um das Los einer wirklichen, niedrig geborenen Sklavin handelt es sich also hierbei nicht. Und obwohl Klytämnestra der Troerin mit erheuchelter Freundlichkeit begegnet und sie mit dem Frohndienst des Alkmenesprosses tröstet, ihr übrigens auch eine mildere Behandlung in Aussicht stellt, als sie im Hause von Emporkömmlingen zu erwarten haben würde (v. 1035 ff.): sie verspricht ihr bei aller erkünstelten Herablassung doch nur, ₋was Brauch ist▪ (οἷάπερ νομίζεται, v. 1046), d. h. was Sklaven gewährt zu werden pflegt[1]). Daher täuscht sich denn Kassandra über ihren tiefen Fall durchaus nicht, sondern wird sich mit Resignation bewusst, dass sie den Agamemnon ihren δεσπότης nennen und in das Sklavenjoch sich fügen müsse (v. 1225 f.)

In sehr ähnlicher Lage befinden sich die gefangenen Troerinnen, aus denen sich der Chor in den „Choephoren" zusammensetzt: sie beklagen ihr Sklavenlos und dessen Ursache, den Untergang ihrer Vaterstadt (v. 76 ff.): allein — und hierin stehen sie höher als alle äschyleischen Leidgenossen — sie nehmen den wärmsten Anteil an dem Unheil, das über dem Hause ihrer Herrschaft waltet. Deshalb vertraut ihnen Elektra in freundlicher Anrede nicht nur ihren Schmerz, sondern auch ihr Vorhaben und gebt sie für dasselbe um Rat und Beistand an (v. 84 ff. 100 f.): ist doch ihre Lage mit dem ihrer Dienerinnen verwandt: κἀγὼ μὲν ἀντιδοῦσα, sind ihre eigenen Worte in dem Gebete an Hermes, und schon vorher hat sie, zur Ermutigung ihrer Begleiterinnen, dem allwaltenden Schicksal gegenüber den Freien wie den Knecht durchaus gleichgestellt (v. 103 f.). Dieser Appell an die Hülfsbereitschaft der Troerinnen verfehlt seine Wirkung nicht: fort und fort begleiten sie mit ihrer Teilnahme den Racheplan und dann die grausige That des Geschwisterpaares (v. 510 ff.), und nach deren Vollführung suchen sie den bestürzten Muttermörder zu beruhigen mit der Versicherung, er habe recht gehandelt und die Stadt der Argiver von zwei Drachen befreit (v. 1044 ff.). Doch nicht genug: dem Orest widmet auch seine einstige Amme die zärtlichste Fürsorge; recht im Gegensatze zu den euripideischen Vertreterinnen dieses Standes ist sie eine durchaus schlichte, untergeordnete Person, welche die ängstliche Liebe der Kinderwärterin ihrem Pflegling bewahrt hat und jenes Gefühl derbkomisch und wortreich an den Tag legt (v. 749 ff.). Endlich, und damit wird in diesem Drama die Liebe für die Herrschaft auf alle Dienstboten ausgedehnt: ein Hanssklave bejammert laut die Ermordung Ägisths, seines Herrn, und meldet schmerzerfüllt der Klytämnestra den schrecklichen Vorgang (v. 875 ff.). Man sieht: Mag auch bei dem Chor die Ähnlichkeit des Schicksals mit dem der Herrin, bei der Amme ein natürlicher Trieb, bei dem οἰκέτης der plötzliche erschütternde Eindruck und die eigene vermeintliche Gefahr der mehr oder weniger egoistische Hauptgrund für die Anhänglichkeit sein, die Gesinnung der Sklaven erfährt in den „Choephoren" eine unleugbare Steigerung und Veredlung. Nur zog aus dieser edleren Haltung der Sklavencharaktere Äschylus noch nicht die unserem Gefühle naheliegende Konsequenz der Anerkennung ihres Werts und ihrer menschlichen Gleichstellung[2].

---

[1]) Dahin gehört eben auch die Zuziehung zum häuslichen Gottesdienst: v. 1037 f.; vgl. Aristot. Oecon. p. 1344 b 19; Wallon a. a. O. I⁴ S. 297 f.; K. Fr. Hermann, Griech. Altert. IV⁴ (Privataltertümer) 2. Teil, § 12, 6; Leop. Schmidt, a. a. O. II S. 210.

[2]) Äschylus' „Eumeniden" sowie die Fragmente der übrigen Dramen liefern für unsere Frage keine Ausbeute.

13

Dies that, wenigstens aus eigener Initiative, auch Sophokles noch nicht, sondern erst Euripides.

II.

So das Bild des äschyleischen Sklaven. Die weiteren Betrachtungen sollen die Vertreter dieses Standes bei Sophokles ins Auge fassen, jedoch zunächst nur für diejenigen seiner Dramen, in denen er bei der Vorführung solcher Figuren von dem humanitären Zuge des Euripides noch unabhängig ist. Diesem euripideischen Einfluss gegenüber erhalten sich hierin augenscheinlich noch frei die drei älteren Dramen „Antigone", „Ajax" und „König Ödipus", deren gemeinsame Besprechung daher zuvörderst unsere Aufgabe bilden muss. Wird es infolge dieser Scheidung anfangs zwar nicht möglich sein, ein solidarisches Gesamtbild des sophokleischen Sklaven zu entwerfen, so hat dies seinen Grund in der Forderung der Logik, auch hier dem Kausalitätsbedürfnis zu genügen und die Entwickelung jener Dienerrollen nicht einfach litterarhistorisch abzuhandeln, sondern zugleich ihr inneres gegenseitiges Abhängigkeitsverhältnis ätiologisch zu beleuchten.

Äschylus hat, wie wir gesehen, nur wenige Personen seiner Stücke dem Sklavenstande entnommen; unter ihnen aber findet bei Sophokles noch die zahlreichsten und deutlichsten Parallelen der Wächter im „Agamemnon". In der That weisen ältere wie spätere sophokleische Tragödien Gestalten auf, die durch derbe, wortreiche Volkstümlichkeit, durch eine gewisse humoristische Färbung, freilich auch durch eine nur teilweise ehrenhafte Gesinnung an jenen interessanten, ja auch liebenswürdigen, jedoch dem eigenen Ich ergebenen Burschen erinnern. Am meisten gilt dies von seinen Standes- und Berufsgenossen in der „Antigone". „Ihm geht sein Ich über alles, mit seinem Ergehen, seinen Gedanken ist er immer voran: die Angst vor seinem gestrengen Herrn verrät sich in der teils verlegenen, teils breiten, plebejisch wortreichen Rede, in der er den Mund voll nimmt, Antithesen sucht, Gemeinsprüchen nachjagt und dummdreist witzelt." Feig und zaghaft schildert er bei seinem Auftreten, wie zur Entschuldigung, seine wenig redlichen Erwägungen, von denen ihn schliesslich nur ein trivialer Fatalismus (v. 235 f.) zurückgebracht hat; der Hergang aber, den er mit zahlreichen gemeinplätzigen Umschweifen berichtet, lässt uns zugleich einen Blick thun in das unkameradschaftliche Treiben, das unter dieser Menschenklasse zu Haus ist (v. 259 ff.). Ihrem geringen moralischen Werte entsprechend sind die Straten, mit denen Kreon sie bedroht, ernst und qualvoll: nach schwerer Folterung (v. 309) sollen sie den Tod erleiden, falls der Thäter nicht ermittelt wird; unter argem Hohne wird der Schwätzer (v. 320) vom Könige entlassen und gelobt sich noch im Fortgehen heimlich, nicht wieder hier sich sehen zu lassen. Dass er nach einiger Zeit doch wieder erscheint, dazu bewegen ihn lediglich Ehrgeiz und Eigennutz. Mit fühlloser Kälte, die nur ganz vorübergehend von einer menschlichen Regung durchweht wird (v. 438 f.), überliefert er triumphierend sein Opfer einem gewissen Tode und entfernt sich schliesslich voll cynischer Freude über die nunmehr erlangte eigene Straflosigkeit[1]. — Ihm thut es an Mangel höherer menschlicher Empfindung der Bote[2], welcher Antigones und Hämons Ende meldet (v. 1192 ff.), zwar bei weitem nicht gleich; scheint er doch über den jähen Umschlag im Schicksal des Herrschers bewegt und verspricht der Königin für seinen Bericht volle Aufrichtigkeit (v. 1193 ff.); immerhin verzichtet diese letztere auf jegliche Schonung der Herrin; über ihr schweigsames Abgehen, welches dem Chor begründete Besorgnis einflösst (v. 1244 f.), weiss er sich mit einer sehr äusserlichen Erklärung zu trösten (v. 1246 ff.); und dass der Dichter bewusstermassen die Gesinnung des Boten als niedrig gekennzeichnet hat, ergiebt sich aus dem Widerspruch zwischen seiner Anschauung von der Willkür des Schicksals (v. 1157 f.) und der tiefsittlichen Auffassung des Chors von Kreons eigenem Verschulden (v. 1259 f.).

---

[1] Denn nur sie, nicht etwa die volle Freiheit ist v. 445 u. 399 f. mit ἐκτὸς αἰτίας gemeint.

[2] Dass er zu Kreons Sklaven gehört, folgt aus v. 1214 vgl. mit v. 1219 f.

Die unbedeutende Rolle des *ἐξάγγελος* endlich entbehrt zwar einer psychologischen Entwickelung, hält sich aber nicht frei von der bereits am Boten beobachteten schonungslosen Offenheit. Somit sind alle drei Träger von Sklavenrollen in Sophokles' ältestem uns erhaltenen Drama — von ihrem hohen ästhetischen und dramaturgischen Werte natürlich ganz abgesehen — Vertreter eines kaltsinnigen, kleinmütigen Egoismus, der als Kennzeichen eines und desselben Standes um so deutlicher in die Augen fällt, als zu ihm der hochfliegende, opferfreudige Idealismus des Schwesterpaares, der vornehme, obwohl starrsinnige Stolz Kreons und der seelenvolle Liebesschmerz Hämons einen wohltuenden Gegensatz bilden.

Auch für die Betrachtung des „Ajax", gewiss eines der ältesten unter Sophokles' Dramen, bietet sich eine Anknüpfung an Äschylus. Wie Kassandra sich tief gedemütigt fühlt durch ihr Schicksal als Gefangene und Sklavin (Ag. 1072 ff.), so klagt auch Tekmessa über ihr „Zwangslos" (v. 485) und den schroffen Wechsel in ihrem Geschick, und wie die Troerin durch die Milde ihres neuen Herrn getröstet wird (Ag. 950 ff.), so ergiebt sich die Phrygerin gelassen in die gegenwärtige Lage und macht mit ihrer hingebenden Liebe zu dem gewaltigen Gatten aus der Not eine Tugend. Immerhin klingen ihre Worte (v. 485 ff.) bedeutsam genug, und als schlimmstes Schreckbild schwebt ihr vor der Seele eine nochmalige Knechtung, durch welche sie dem schnöden Hohn der Gebieter verfallen werde (v. 500 ff.). Ebenso tritt der von ihr schmerzlich empfundene Gegensatz zwischen Sklaverei und Freiheit (v. 487 ff.) aufs schroffste hervor in dem Streit zwischen Teukros und Agamemnon: dass ersterer von dem hochmütigen Atriden wiederholt als einer Gefangenen Sohn, als Sklave bezeichnet (v. 1228. 1235 vgl. 1289) und zu den Freien gar nicht gerechnet wird (v. 1260), beweist zur Genüge den geringen Wert und verächtlichen Sinn, der sich ursprünglich auch bei Sophokles mit jenem Stand und Namen verbindet. Und wer etwa den Boten (v. 719 ff) oder gar die Chorenten diesem Stande beizählen wollte, wozu sich übrigens nirgends eine direkte Handhabe bietet, würde höchstens bemerken, dass der grosse Dichter keineswegs Sklaven allein, sondern auch so manche andern Bühnenfigur durch eine eigensüchtige oder doch kühle Auffassung fremden Leids gekennzeichnet hat[1]).

Wenn die Ähnlichkeit zwischen den beiden Wächtern im „Agamemnon" und in der „Antigone" in gewisser Hinsicht unleugbar ist, so liegt die Vermutung nicht fern, nach der früheren nüchternen Behandlung der Sklavenrollen habe Äschylus bei der Gestaltung dieses φύλαξ unter dem Eindruck und Einfluss der lebensvollen sophokleischen Figuren gestanden und wie bekanntlich in anderen Beziehungen so auch darin von dem jüngeren grossen Nebenbuhler gelernt. Natürlich handelt es sich hier nicht um eine direkte Einwirkung: wissen wir doch, dass die Orestie (Ol. 50, 2 = 458) siebzehn Jahre vor Sophokles' „Antigone" aufgeführt worden ist (Ol. 84, 3 = 441). Nach einer wohl chronologisch zu verstehenden Angabe der Hypothesis war dieses aber das 32. seiner Dramen; bereits 468 hatte Sophokles, vermutlich mit dem „Triptolemos", zuerst die Bühne beschritten, und wenn auch dieses Drama seinem Wesen und Einzelverlauf nach ebensowenig bekannt ist wie die in den nächsten Jahren ihm folgenden Stücke, so haben doch zweifellos gerade sie, die Jugenddichtungen des „tragischen Homer", volkstümliche Figuren vor Augen geführt, die, wie jener Wächter, für die gleichzeitige dramatische Poesie und daher auch für Äschylus' Schöpfergeist mustergiltig und massgebend werden mussten. Sie konnten dies freilich nur in ästhetisch-dramaturgischer Beziehung, weil ein eigentlicher moralischer Kern ihnen selbst noch abging: ihn hat seinen Sklavengestalten erst Euripides verliehen und zwar, wie wir sehen werden, seine freiheitlichen und humanitären Tendenzen bereits in seinen frühsten erhaltenen Dramen verkündet. Nun aber wiederholte sich das Einwirkungs- und Abhängigkeitsverhältnis, das zwischen Sophokles und Äschylus bestanden hatte, bei Euripides

---

[1]) Vgl. die verstandesmässigen oder trivialen Betrachtungen des Chors Angesichts des trostlosen Ajax: v. 337 f. 344 f. 354. 362 f. 377. 363. 386. 428 f. 525 f.; seine egoistischen Klagen über sein mühseliges Kriegerleben: v. 596 ff. 1185 ff., sowie über die Mühe des Suchens nach dem Herrn: v. 876. 880 ff. Auch sonst denkt der Chor zuerst oder allein an sich und seine Heimkehr: v. 900. 909.

und Sophokles. Wenn es galt, populäre Figuren auf die Bühne zu bringen, begnügte sich Sophokles in den späteren Dramen nicht mehr mit einer dramatisch noch so wirksamen, aber in moralischer Hinsicht niedrigen Auffassung solcher Personen, sondern nach Euripides' Vorbild und dem durch ihn schon stark beeinflussten Geschmack der Zeit hauchte er ihnen auch ein wärmeres Leben, eine herzlichere Empfindung ein

Gestalten dieser Art enthält wie die „Antigone" so auch der „König Ödipus" drei an Zahl; aber gerade ein Vergleich der beiderseitigen Rollen beweist eine deutliche Annäherung an die euripideische Darstellungsweise, d. h. eine Ausstattung dieser Figuren in der letzteren Tragödie mit einer reicheren menschlichen Gesinnung und Gesittung. Der Bote aus Korinth redet — wie jene beiden von uns geschilderten Wächter — mit volkstümlichem Humor, hält zurück mit seiner Mitteilung und thut mit ihr wichtig, untermischt sie mit allerhand Sentenzen und ist sich seines Wertes und Verdienstes so wohl bewusst, dass er auf Belohnung rechnet (v. 1005 f.); aber all diese scharf gezeichneten Charakterzüge erfahren eine Vertiefung durch den Umstand, dass er, jetzt ein Greis, einst als Jüngling das ausgesetzte Knäblein dem korinthischen Herrscherpaare übergeben und so dem Könige von Theben das Leben erhalten hat; an dem mitleidigen Lebensretter des Ödipus nimmt man trotz seiner sonstigen etwas scurrilen Ausstaffierung ein gemütvolleres Interesse als an dem verschmitzten Häscher der Ödipustochter Bekanntlich ist an jenem heimlichen Akte der Menschlichkeit in gleicher Weise der alte Diener beteiligt gewesen, durch dessen Schicksal die soziale Stellung des Sklavenstandes besonders grell beleuchtet wird. Nach seiner eigenen Aussage (v. 1123) ist er des Lajos nicht gekaufter, sondern im Hause erzogener Sklave, den das Königspaar in das Familiengeheimnis eingeweiht und mit der Aussetzung des Neugebornen betraut hat (v. 1174 f.); bei der Ermordung seines Herrn und der Begleiter desselben ist er allein entkommen (v. 756) und dann von Jokaste auf seinen eigenen dringenden Wunsch als Hirt aufs Land geschickt worden, um nach der Thronbesteigung des Ödipus die veränderte Situation im Hause seiner Herrschaft nicht mitansehen zu müssen (v. 760 ff.). Die Königin hat ihm die bescheidene Bitte erfüllt; denn er hätte, ol' ἀνὴρ δοῦλος, d. h. soweit bei einem Sklaven von Verdienst und Würdigkeit die Rede sein kann, wohl noch einen besseren Dank als diesen verdient (v. 763 f.). Jetzt, nach vielen Jahren herbeigeholt (v. 1123 ff.), wird er trotz seines Sträubens durch schwere Drohungen, ja durch die zu seiner Folterung bereits getroffenen Anstalten (v. 1152 ff.) genötigt, über die Herkunft des Königs Licht zu verbreiten; sein erzwungenes Geständnis, er habe aus Mitleid (v. 1178 f.) das Knäblein verschont, klärt den Ödipus zwar zur Genüge auf, bringt diesen aber zugleich auch zur Verzweiflung. In der That, so kurz und skizzenhaft auch die Gestalt dieses Alten gezeichnet ist, wenige Sklaven der antiken Tragödie werden sich finden lassen, die trotz der mühseligen Lage ihres Standes einen wichtigeren Anteil an der Entwickelung des Dramas und eine tiefere ethische Motivierung ihres Charakters genössen. Endlich bekundet auch der Ἐξάγγελος dieses Stücks in seiner Erzählung von Jokastes Selbstmord und Ödipus' Blendung lebhafte Erschütterung und warme Teilnahme am Geschick seiner Herrschaft und bildet demnach zu dem vorerwähnten Vertreter derselben Rolle in der „Antigone" gleichfalls einen wohltuenden Gegensatz. Aber gerade dieser Widerspruch zwischen der gedrückten sozialen Stellung und der Gesinnungstüchtigkeit solcher Personen bleibt bei Sophokles häufig noch ungelöst und findet eigentlich erst bei dem dritten grossen Tragiker, hie und da unter dramaturgisch viel weniger glücklichen Verhältnissen, einen versöhnenden Ausgleich, der zwar bei Euripides' philosophischem Doctrinarismus bisweilen „von des Gedankens Blässe angekränkelt" ist, jedoch seinen weitherzigen Sinn für Humanität rühmlich bekundet.

Doch solches darzulegen muss einer besonderen Untersuchung vorbehalten bleiben, deren Veröffentlichung demnächst erfolgen soll.